Cornelia Klaeger

Das Praxisbuch
Glutenfreie Ernährung

Der umfassende Ratgeber bei Unverträglichkeit
von Klebereiweiß. Alles über glutenfreie Lebensmittel.
Mit köstlichen Koch- und Backrezepten

Südwest

Inhalt

Mais gehört zu den vielseitigsten Getreidealternativen.

Vorwort	**4**
Was ist Gluten?	**6**
Funktionen von Gluten	6
Krank durch Glutenunverträglichkeit	**8**
Risiko Gluten	8
Der Weg zur Diagnose	9
Glutenfreie Diät bei anderen Erkrankungen	11

Grundsätze einer glutenfreien Ernährung	**12**
Von Natur aus glutenfrei	14
Natürliche Getreidealternativen	15
Getreidealternativen köstlich zubereitet	22
Unser täglich Brot	22
Glutenfreie Bindemittel	26
Glutenfrei kochen und backen	**28**
Essen außer Haus	29

Maronen enthalten einen hohen Anteil an Stärke.

Inhalt

Rezepte 32

Müslis 32

Brote 34

Suppen 39

Salate 42

Kleine Zwischen-
mahlzeiten 44

Köstliches aus Buchweizen.

Ein Schmankerl für Fans von Schokoladen-Kirschkuchen.

Süßspeisen und
Desserts 77

Kuchen und Gebäck 84

Adressen 94

Über dieses Buch 95

Rezepteregister 96

Schmackhafte Brote lassen sich aus den unterschiedlichsten Mehlsorten backen.

Aus dem Backofen 49

Pfannkuchen, Crêpes
und Bratlinge 56

Pizza 61

Hauptgerichte 63

Beilagen/
Saucen 70

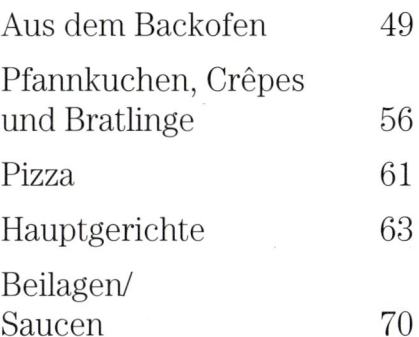

Vorwort

Menschen, die glutenfrei leben müssen, trifft dieses Urteil am Anfang schwer. Dass glutenfreie Kost deswegen nicht langweilig sein muss, zeigen die Rezepte im entsprechenden Kapitel.

Erst seit den fünfziger Jahren weiß man, dass die Störungen und Symptome der Zöliakie auf eine Unverträglichkeit des Glutens in verschiedenen Getreidesorten zurückgeht.

»Von nun an glutenfrei« – so lautet die einzige Therapie, wenn die Diagnose Zöliakie oder Sprue gestellt wird. Eine glutenfreie Diät wird aber auch all denjenigen empfohlen, die an der Hautkrankheit Dermatitis herpetiformis Duhring oder an einer Weizenallergie leiden. Denn Gluten verursacht die Krankheitssymptome von Zöliakie bzw. Sprue und verstärkt die von Dermatitis herpetiformis Duhring. Für Weizenallergiker ist eine glutenfreie Ernährung günstig, weil sie garantiert keinen Weizen enthält.

Eine große Umstellung steht bevor

Die Diagnose ist gestellt, und Sie haben nun endlich Gewissheit darüber, was die Ursache für Ihre Krankheitssymptome ist. Nun können Sie aktiv darangehen, die Symptome zu lindern und ihre Befindlichkeit zu verbessern. Das bedeutet jedoch eine große Umstellung in Ihrem Leben. Sie müssen Abschied nehmen von Ihren bisherigen Ernährungsgewohnheiten und sich viel bewusster mit dem auseinander setzen, was Sie täglich einkaufen, kochen und essen als Sie es vielleicht bisher gewohnt waren. Denn Gluten ist ein Protein, das in den Getreidearten Weizen, Roggen, Gerste, Hafer und Dinkel enthalten ist, und damit ist es Bestandteil einer ganzen Reihe von Lebensmitteln. Da aus diesen Getreiden z. B. auch Bindemittel hergestellt werden, findet sich Gluten insbesondere auch in vielen Fertig- und Halbfertigprodukten.

Das Grundprinzip der zukünftig notwendigen Diät besteht darin, alle glutenhaltigen Getreidearten und alle Produkte, in denen diese enthalten sind, strikt zu meiden. Auch wenn nur geringe Mengen Gluten in einem Produkt vorkommen, ist dieses für Sie nicht geeignet. Sie müssen diese Diät konsequent und gewissenhaft einhalten, um Komplikationen zu vermeiden.

Gluten, wo keiner es vermutet

Die größte Schwierigkeit liegt nun darin, herauszufinden, in welchen Produkten Gluten enthalten ist, da der Glutengehalt in Nahrungsmitteln nicht kennzeichnungspflichtig ist. Aus diesem Grund müssen Sie sich intensiv auch mit Zusatzstoffen in Halbfertig- und Fertigprodukten sowie in Medikamenten auseinander setzen. Aber nicht nur über die Nahrung können Sie unvermutet mit Gluten konfrontiert werden. So wird Gluten z. B. zu technischem Klebstoff verarbeitet und findet sich in der Gummierung von Briefmarken und Briefumschlägen.

Dass eine gesunde, ausgewogene und abwechslungsreiche Ernährung auch mit glutenfreien Lebensmitteln möglich ist und worauf beim Einkauf zu achten ist, werden Sie in diesem Ratgeber erfahren. Rezepte für Brote, Suppen, Hauptgerichte, Salate, Aufläufe, diverse Getreidebeilagen sowie Süßspeisen wollen Sie dazu anregen, Ihren Speiseplan abwechslungsreich zu gestalten und auch die sogenannten alternativen Getreidearten wie Reis, Mais, Quinoa, Amaranth und Buchweizen in Ihr Koch- und Backrepertoire aufzunehmen.

Achtung beim Einkaufen: Der Glutengehalt in Lebensmitteln und Fertigprodukten muss auf der Verpackung nicht angegeben werden.

Glutenfreie Köstlichkeit: Eine klassische Kartoffelpfanne mit Béchamelsauce. Das Saucenrezept finden Sie auf Seite 70.

Was ist Gluten?

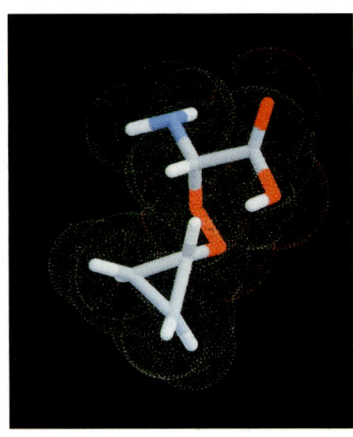

Modell eines Glutaminsäuremoleküls: Viele dieser Teilchen bilden den Hauptbestandteil des Kleberproteins Gluten.

Das Getreidekorn besteht im Wesentlichen aus drei Teilen:
- Frucht- und Samenschale
- Keimling
- Mehlkörper

Frucht- und Samenschale liefern die Ballaststoffe und enthalten Vitamine, Mineralstoffe und verschiedene Eiweißstoffe. Beim Ausmahlen des Getreides bleibt dieser Teil des Getreidekorns als Kleie zurück.

Der Keimling enthält den Hauptanteil des im Getreidekorn befindlichen Fettes, es finden sich darin jedoch auch Vitamine, Mineralstoffe und Eiweiß.

Der Mehlkörper besteht zum größten Teil aus Stärke und Eiweiß, er enthält nur wenig Fett. Die Eiweißstoffe des Mehlkörpers setzen sich aus den sogenannten Albuminen und Globulinen sowie aus Gluten zusammen. Der Eiweißbestandteil Gluten kommt allerdings ausschließlich in Weizen, Dinkel, Grünkern, Roggen, Gerste und Hafer vor.

Funktionen von Gluten

Die im Gluten enthaltenen Prolamine sind die eigentlichen Übeltäter der Unverträglichkeitssymptome. Sie verursachen die toxische Wirkung im Körper.

Gluten wird auch als Klebereiweiß bezeichnet. Es bewirkt die gute Backfähigkeit von Weizen, Roggen, Gerste, Hafer und Dinkel. Gluten lässt den Teig aus Wasser und Mehl aufquellen und trägt auf diese Weise dazu bei, dass er vernetzt. Durch diesen Vorgang entsteht eine Art Gerüst, welches den Teig elastisch macht. Luft und Kohlendioxid, die beim Kneten und durch Gärung in den Teig gelangen, können nun in winzigen Bläschen festgehalten werden. Das trägt dazu bei, dass sich in Brot und Gebäck die Poren der Krume bilden können. Weil Gluten die Flüssigkeit festhält, bleiben Brot und Backwaren frisch.

Aufgrund seiner Fähigkeit, Wasser zu binden, wird Gluten zum Binden und Gelieren von Flüssigkeiten in der Lebensmittelindustrie eingesetzt.

Gesunde Ernährung ohne Gluten

Der Wert von Eiweißen (Proteinen) wird durch ihre Bausteine, die Aminosäuren, bestimmt. Dabei muss man zwischen essenziellen und nicht essenziellen Aminosäuren unterscheiden. Essenzielle Aminosäuren müssen mit der Nahrung aufgenommen werden, während der Körper nicht essenzielle Aminosäuren durch entsprechende biochemische Reaktionen selbst herstellen kann. Eiweiß ist lebensnotwendig. Es wird vom Körper bei seinen vielfältigen Aufgaben ständig verbraucht und muss kontinuierlich ersetzt werden. Im Gluten ist der Anteil essenzieller Aminosäuren allerdings nur gering. Deshalb hat dieses Getreideeiweiß ernährungsphysiologisch keine große Bedeutung und kann problemlos ersetzt werden.

Der industrielle Einsatz von Gluten zum Binden und Gelieren von Flüssigkeiten kann sich für Menschen mit Zöliakie als gefährliche Falle erweisen.

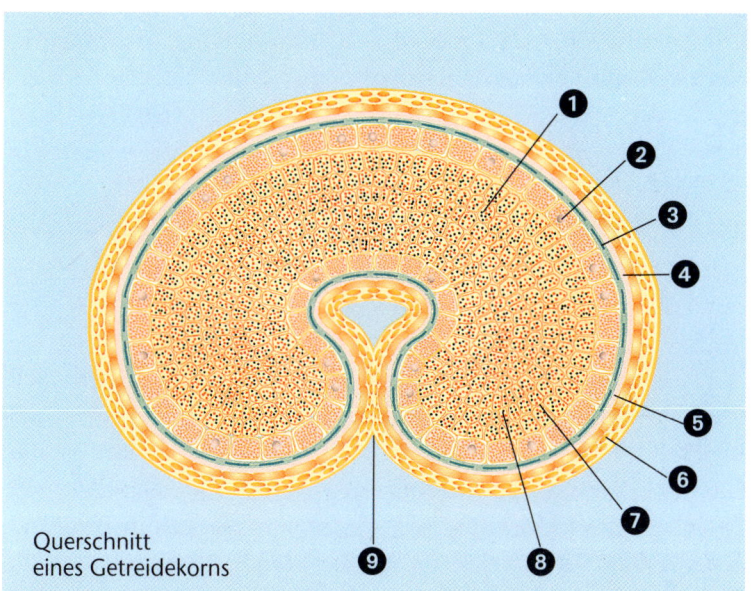

Querschnitt eines Getreidekorns

Ein Getreidekorn besteht aus:
1. *Zelltrennwände aus Zellulose*
2. *Aleuronschicht (Eiweiß- und Ölschicht)*
3. *Samenhaut*
4. *Innere Fruchthaut*
5. *Äußere Fruchthaut*
6. *Oberhaut*
7. *Eiweißbestandteile (Kleber) zwischen den Stärkekörnern (Prolamin und Glutenin)*
8. *Stärkekörner (Kohlenhydrate)*
9. *Bauchfurche*

Krank durch Glutenunverträglichkeit

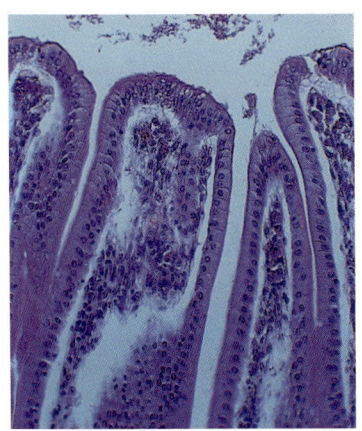

Bei Menschen mit Zöliakie oder Sprue zerstört Gluten die Zellen der Dünndarmschleimhaut.

Zöliakie und Sprue sind zwei Namen für dasselbe Krankheitsbild. Die Zöliakie des Kindesalters wird beim Erwachsenen als Sprue bezeichnet.

Wenn eine Glutenunverträglichkeit vorliegt, kommt es zu Veränderungen im Dünndarm, so dass die Nahrung vom Körper nicht vollständig ausgenutzt werden kann. Auf Dauer entstehen so Krankheitssymptome und Mangelerscheinungen. Meist wird die Erkrankung zwischen dem zweiten und dritten Lebensjahr festgestellt. Die Diagnose lautet dann: Zöliakie.

In anderen Fällen wird die Erkrankung erstmals im Erwachsenenalter, so etwa zwischen 30 und 40 Jahren festgestellt und erhält dann den Namen Sprue. Bisher gibt es nur Vermutungen darüber, warum einerseits Säuglinge und Kleinkinder, andererseits aber Erwachsene erst mit 40 Jahren oder noch später erkranken.

Der Begriff »Zöliakie« kommt von dem griechischen Wort »koilis«, was Bauch bedeutet, da diese Erkrankung bei Kindern Wachstumsstörungen sowie einen Blähbauch auslöst, bei gleichzeitiger massiver Abmagerung des übrigen Körpers. Sprue vom flämischen Wort »sprouw« = Bläschen – bezieht sich auf die durch Klebereiweißunverträglichkeit ausgelösten Mundwinkel- und Zungenveränderungen bei Erwachsenen, die mit Muskelschwund und Blähbauch als äußere Merkmale einhergehen.

Risiko Gluten

Gluten wird vom Körper nur in geringem Maße verwertet; beim gesunden Menschen wird es ohne Probleme und fast unverdaut wieder ausgeschieden. Einige Menschen leiden jedoch an einer Glutenunverträglichkeit – Zöliakie oder Sprue –, die genetisch bedingt ist. Bei dieser Erkrankung kommt es bei den Betroffenen durch den Genuss glutenhaltiger Speisen zu schwer wiegenden gesundheitlichen Störungen. Gluten bewirkt bei ihnen nämlich einen Abbau der Oberfläche der Dünndarmschleimhaut. Dabei werden die Darmzotten, auf denen sich die Nahrungsaufnahmezellen befinden, zerstört. Eine optimale Verdauung der Nahrung ist nun nicht mehr möglich und lebensnotwendige Nährstoffe (Kohlenhydrate, Fette, Proteine, Mineralstoffe und Vitamine) gelangen nur noch teilweise in den Organismus. Darmzotten sind Ausstülpungen der Darmwand nach innen. Sie bewirken, dass die Oberfläche des Darms um ein Vielfaches vergrößert wird. Erst dadurch ist es möglich, dass die vielfältigen Bestandteile der Nahrung aus dem Speisebrei herausgelöst und vom Körper verwertet werden können.

Krankheitssymptome bei Nährstoffmangel

Durch die unvollständige Verdauung und Aufnahme lebenswichtiger Nährstoffe werden Mangelsymptome hervorgerufen, die sich in einem allgemeinen Krankheitsgefühl äußern. Die Betroffenen sind müde, nervös und abgeschlagen, sie leiden an Appetitlosigkeit und Gewichtsabnahme. Hinzu kommen Symptome wie Durchfall, Blähungen, Verstopfung oder Übelkeit.

Der Weg zur Diagnose

Erste Anhaltspunkte für das Bestehen einer Zöliakie bzw. eine Sprue können sich schon aus dem Blutbildbefund im Labor ergeben. Da die Nahrung nur unvollständig ausgewertet wird, kommt es bei diesen Patienten meist zu einem Vitaminmangel. Besonders betroffen sind die fettlöslichen Vitamine A, D, E und K. Ebenfalls mangelt es häufig an Eisen, Folsäure und Kalzium. Auch bei einer Ultraschalluntersuchung lassen sich möglicherweise Anhaltspunkte für eine Zöliakie-Erkrankung finden. Typisch sind geweitete, mit Flüssigkeit angefüllte Darmschlingen.

> Verantwortlich für die Zerstörung der Darmschleimhaut und damit für das Auslösen der Zöliakie-Symptome, sind die Prolamine des Glutens. Im Weizen und Roggen heißt das Prolamin Gliadin, in der Gerste Hordein und im Hafer Avenin. Warum einige Menschen an einer Glutenunverträglichkeit leiden, ist bisher noch ungeklärt. Auf jeden Fall spielt eine erbliche Veranlagung wohl eine entscheidende Rolle.

Erst nach einer Biopsie des Dünndarms lässt sich jedoch mit letzter Sicherheit sagen, ob eine Zöliakie bzw. Sprue vorliegt. Bei dieser Untersuchung, die zwar unangenehm, aber ungefährlich ist, muss eine Sonde geschluckt werden, mit der ein kleines Stückchen Gewebe aus dem Dünndarm entnommen wird. Unter dem Mikroskop kann dann festgestellt werden, ob die Darmschleimhaut geschädigt ist und was die Ursache der Schädigung ist. In den meisten Fällen kann die Untersuchung ambulant durchgeführt werden. Trotz dieser eigentlich einfachen diagnostischen Möglichkeit wird die Krankheit oft erstaunlich spät, häufig erst nach vielen Jahren des Leidens festgestellt, da die Symptome sehr mannigfaltig sind und vielen verschiedenen Ursachen zugeordnet werden können.

Achtung: Diätfehler machen sich meist nicht sofort bemerkbar, da der Körper zunächst in der Lage ist, solche Fehler auszugleichen. Dennoch kann es bei Wiederaufnahme von Gluten in das Nahrungsangebot erneut zum Abbau der Darmzotten kommen, und das führt zu den bekannten Krankheitssymptomen.

Sofortige konsequente Diät

Sobald die Diagnose feststeht, bedeutet dies für die Betroffenen, dass sie überhaupt kein Gluten mehr zu sich nehmen dürfen, sich also konsequent – und zwar ihr Leben lang – glutenfrei ernähren müssen. Nur dann kann sich die Dünndarmschleim-

Mais enthält kein Gluten und ist daher eines der vielseitg einsetzbarsten Nahrungsmittel in der glutenfreien Küche.

haut allmählich wieder aufbauen, wodurch eine normale Verdauung wieder möglich wird und sich das gesundheitliche Befinden langsam bessert. Diätfehler führen zu einer erneuten Zerstörung der Darmschleimhaut.

Gutenfreie Diät bei anderen Erkrankungen

Dermatitis herpetiformis Duhring

Die Krankheit Dermatitis herpetiformis Duhring ist eine stark juckende, chronische Erkrankung der Haut mit intensiven brennenden Hautveränderungen. Sie tritt in Schüben von sechs Wochen bis zu sechs Monaten auf und äußert sich in Bläschen, Flecken und Pusteln. Sie lässt sich ebenfalls durch eine glutenfreie Ernährung bessern. Fast die Hälfte der Patienten kommt nach der Umstellung auf eine glutenfreie Ernährung sogar ohne Medikamente aus.

Weizenallergie

Eine weitere Gruppe von Menschen, die einer glutenfreien Ernährung den Vorzug geben sollte, sind Weizenallergiker. Bei ihnen löst der Genuss von Weizen Magen-Darm-Beschwerden oder Asthma aus. Häufig wird eine Weizenallergie auch in Verbindung mit Neurodermitis beobachtet. Insgesamt scheinen Weizenallergien derzeit in der Bevölkerung zuzunehmen. Obwohl Weizenallergiker Roggen, Gerste und Dinkel oft vertragen, wird ihnen dennoch empfohlen, sich glutenfrei zu ernähren, weil diese Ernährungsform garantiert weizenfrei ist. Bei vielen Menschen tritt die Weizenallergie meist nur vorübergehend auf, so dass die glutenfreie Diät nur für einen begrenzten Zeitraum eingehalten werden muss.

Menschen, die allergisch auf Weizen reagieren, sollten Gluten meiden. Auch die lästigen Symptome einer Dermatitis lassen sich oft durch eine glutenfreie Diät bessern.

Grundsätze einer glutenfreien Ernährung

Hirse kann als glutenfreies Grundnahrungsmittel glutenhaltige Getreidearten ersetzen.

Die Adresse der Deutschen Zöliakie-Gesellschaft e.V. sowie andere nützliche Adressen finden Sie auf Seite 94.

Im Rahmen einer glutenfreien Ernährung müssen alle Produkte, die Weizen, Dinkel, Grünkern, Roggen, Gerste und Hafer enthalten, gemieden werden. Besondere Achtsamkeit ist bei Halbfertig- und Fertigprodukten geboten, denn dort wird Gluten als natürliches Getreideeiweiß oder Weizenstärke zum Binden eingesetzt. Weizenstärke wird unterteilt in Prima- und Sekundastärke, die sich in ihrem Eiweiß- und Glutengehalt unterscheiden. Während der Roheiweißgehalt der Primastärke einen maximalen Wert von 0,5 Prozent aufweist, kann Sekundastärke einen Anteil von bis zu 5 Prozent haben. So hat eine Stärke von 0,4 Prozent Eiweiß schon einen zehnmal höheren Glutengehalt als Stärke mit 0,3 Prozent. Laut Gesetz darf Weizenstärke noch zwischen 0,3 und 5 Prozent Eiweiß enthalten, ist also nicht absolut glutenfrei. Für die glutenfreie Ernährung sollte die Primastärke (0,5 Prozent Gluten) gegenüber der Sekundastärke (5 Prozent Gluten) vorgezogen werden.

Detektivarbeit

Gluten ist per Lebensmitteldefinition kein Zusatzstoff und muss daher nicht extra auf der Verpackung eines Produkts aufgeführt werden. Der Verbraucher kann also nicht feststellen, ob dieser Zusatzstoff verwendet wurde oder nicht. Eine wertvolle Einkaufshilfe bietet hier die »Aufstellung glutenfreier Lebensmittel«, die von der Deutschen Zöliakie-Gesellschaft herausgegeben und ständig aktualisiert wird. Dort sind viele geläufige Produkte des alltäglichen Lebens nach Herstellern sortiert aufgelistet. Falls ein Produkt nicht erwähnt ist, wenden Sie sich bitte direkt an den Hersteller, um herauszufinden, ob Gluten

Vorsicht bei diesen Lebensmitteln

\	**Produkte, die Gluten enthalten können**
Gemüse	Tiefkühlgemüse mit Mehlzusatz (z. B. Rahmspinat), Gemüsekonserven, Fertigkartoffelprodukte: Kartoffelpuffer, -kroketten, -püree, -salat, Pommes frites, Gemüsebrühe
Obst	Fruchtzubereitungen, eingedickte Früchte
Milchprodukte	Joghurt, Quark, besonders mit Fruchtzubereitung oder Müslizusatz, Frischkäsezubereitung, fettreduzierte Milchprodukte (Käse, Frischkäse), Schmelzkäse, Schlagschaum, Speiseeispulver, Eiszusätze (z. B. Getreideflocken), Kräuterbutter
Fleisch- und Wurstzubereitungen, Fischerzeugnisse	Alle Grütz-, Semmel- und Mehlwürste, alle Wurstwaren, deren Zusammensetzung nicht genau bekannt ist, fettreduzierte Wurstwaren, Fleischzubereitungen (z. B. Frikadellen), Fleischfüllungen, panierte Produkte, Fertigerzeugnisse mit Sauce, Brathering, Bratrollmops
Getränke	Malzkaffee, Bier, Spirituosen aus Getreide
Süßigkeiten	Pralinen, Knabbergebäck, Malzbonbons, Schokolade, Desserts, Marzipan
Sonstiges	Fertigsuppen, Fertigsaucen, Salatdressing, Ketchup, Senf, Fertiggerichte, Gewürze, Röstzwiebeln
Getreideprodukte	Sojabrot, Hirsebrot, Leinsamenbrot, Sojanudeln, Weizenkleiepräparate, Reiscrispis, Cornflakes, Backpulver, Backzutaten, Tortenguss

Achten Sie darauf, die Liste der glutenfreien Produkte ständig zu aktualisieren, da sich immer wieder mal Rezeptänderungen ergeben und vorher glutenfreie Produkte plötzlich Gluten enthalten können.

Nebenstehende Tabelle ist entnommen aus: Deutsche Zöliakie-Gesellschaft, Leben mit Zöliakie/ Sprue; Handbuch für Patienten.

darin enthalten ist oder nicht. Generell gilt, dass bei allen Produkten, die Sie nicht selbst zubereitet haben, Gluten enthalten sein kann.

Achtung – Gluten in Medikamenten

Gluten kann auch in Medikamenten enthalten sein, z. B. im Überzug von Dragees. Machen Sie unbedingt jeden Arzt, der Sie behandelt, darauf aufmerksam, dass Sie an Zöliakie, Sprue oder einer Weizenallergie leiden, und lassen Sie sich ausschließlich glutenfreie Medikamente verschreiben. Eine Aufstellung über glutenfreie Medikamente können Sie ebenfalls bei der Deutschen Gesellschaft für Zöliakie bestellen.

Von Natur aus glutenfrei

Wenn Sie darüber nachdenken, was Sie bisher gegessen haben und welche Lebensmittel und Gerichte für Sie zu einer abwechslungsreichen, gesunden Ernährung auf den Tisch gehören, werden Sie zunächst unsicher sein, was davon unter dem Aspekt der glutenfreien Ernährung eigentlich noch übrig bleibt. Vor allem jedoch werden Sie sich fragen, ob denn eine vollwer-

Es gibt zahlreiche glutenfreie Lebensmittel und Produkte, die Ihnen eine abwechslungsreiche und gesunde Ernährung ermöglichen.

Glutenfreie Nahrung

- **Glutenfreie Lebensmittel**

Obst, Gemüse, Hülsenfrüchte, Nüsse, Samen, Kartoffeln, Milch und Milchprodukte, Fleisch, Fisch, Geflügel, Eier, Fette und Öle (Ausnahme: Weizenkeimöl), Reis, Mais, Hirse, Buchweizen, Amaranth, Quinoa, Sojabohnen, Sesam

- **Glutenfreie Getränke**

Wasser, Tee, Wein, Fruchtsäfte, Kaffee

tige Ernährung mit glutenfreien Produkten überhaupt möglich ist. Aber Sie brauchen keine Angst zu haben. Viele Lebensmittel sind von Natur aus glutenfrei und gleichzeitig reich an wertvollen Inhaltsstoffen. Eine gesunde, vollwertige Ernährung ist auf jeden Fall auch ohne glutenhaltige Getreideprodukte möglich.

Natürliche Getreidealternativen

In unseren Breitengraden zählen Weizen, Roggen, Hafer und Gerste zu den für die Ernährung wichtigsten Getreidearten. Sie werden überwiegend zu Mehl vermahlen und sind Hauptbestandteil von Brot, Kuchen und anderen Backwaren.

Getreide ist ein wichtiger Bestandteil unserer täglichen Ernährung, denn das volle Korn liefert wertvolle Ballaststoffe, Mineralstoffe und Vitamine, darunter besonders Folsäure sowie die Vitamine B1, B2 und E. Wohl kaum jemand kann sich sein Leben ohne Brot und andere Backwaren vorstellen. Für viele Menschen beginnt und endet der Tag mit Brot. Wer sich glutenfrei ernähren muss, sieht sich vor die nicht immer leichte Aufgabe gestellt, abwechslungsreiche Alternativen zum herkömmlichen Brot und Gebäck zu finden, die gesund sind, schmecken und sich zudem auch leicht beschaffen lassen.

Ein Blick in die Regale von Bioläden und Reformhäusern zeigt, dass es natürliche, glutenfreie getreideähnliche Alternativen gibt, die sich zu Pfannkuchen, Knödeln, Brot, Fladen und Gebäck verarbeiten lassen. Reis, Mais, Hirse, Quinoa und Amaranth dienen in vielen Ländern als Grundnahrungsmittel. Buchweizen ist die einzige glutenfreie getreideähnliche Alternative, die in Mitteleuropa beheimatet ist.

In ihrem Gehalt an Vitaminen und Mineralstoffen sind die genannten Alternativen den glutenhaltigen Getreidearten sogar häufig überlegen. Eine glutenfreie Ernährung gewährleistet also eine mindestens genauso gesunde Ernährung wie die mit glutenhaltigen Getreidesorten.

Die Geschmacksvielfalt der glutenfreien Getreidealternativen wird Sie überraschen. Sie enthalten oft sogar mehr Vitamine und Mineralstoffe als glutenhaltige Getreide.

Amaranth

Ein altes, erst in den letzten Jahren wieder entdecktes »Wunderkorn« aus Südamerika, ist Amaranth, das im Vergleich zu unseren Getreidearten ein für den Körper wertvolleres Eiweiß und Fett enthält. Es übertrifft den Gehalt an Kalzium, Eisen und Magnesium von Weizen um ein Mehrfaches. Amaranth gedeiht auch in Mitteleuropa. Er wurde wegen seiner attraktiven Blüte nach Europa eingeführt und wächst unter dem Namen »Gartenfuchsschwanz« in vielen Gärten.

Wie bei Quinoa können seine Blätter als spinatähnliches Gemüse zubereitet werden, während seine sehr kleinen Körnchen wie Getreide verwendet werden.

Die nussigen Amaranthkörnchen eignen sich gekocht als Beilage. Die Körner werden mit etwa der dreifachen Wassermenge zum Kochen gebracht, sollten ungefähr 30 Minuten köcheln und müssen dann noch 10 Minuten nachquellen. Amaranth gibt es auch als Flocken und als Amaranthpops zu kaufen.

Der ursprünglich in den Tropen beheimatete Gartenfuchsschwanz wird bei uns nicht nur als Zierpflanze geschätzt. Körner und Blätter bereichern den glutenfreien Speisezettel.

Buchweizen

Von allen glutenfreien, getreideähnlichen Körnern hat Buchweizen bei uns sicherlich die längste Geschichte. In vielen Regionen Deutschlands wird Buchweizen traditionell angebaut. In der Lüneburger Heide gehört z. B. seit eh und je die Buchweizentorte auf die Kaffeetafel, und in Westfalen aßen die Vorfahren Panhas, eine Wurst aus Wurstbrühe, gehacktem Fleisch und Buchweizenmehl. Auch Buchweizenpfannkuchen, Blinis oder Crêpes sind in vielen Gegenden sehr beliebt.

Botanisch betrachtet gehört Buchweizen zu den Knöterichgewächsen. Buchweizen enthält wichtige Mineralstoffe und Vitamine, wertvolles Eiweiß und Kieselsäure. Den Namen erhielt er wegen seiner bucheckerähnlichen Frucht. Die Samenkörner werden geschält und getrocknet angeboten. Oft erhält man sie auch geröstet, wodurch der Geschmack intensiviert wird.

Hirse

Hirse ist ein Sammelbegriff für verschiedene Getreidearten der Tropen und Subtropen, die unter anspruchslosen Klima- und Bodenbedingungen gedeihen: Heißes, trockenes Klima und trockene Böden lassen diese Pflanzen wachsen. Vor allem in Afrika zählt Hirse deshalb zu den Grundnahrungsmitteln.

Von wirtschaftlicher und ernährungsphysiologischer Bedeutung ist die Sorghum-Hirse. Die kleinen, runden Körner sind sehr mineralstoffreich, sie enthalten vor allem viel Kieselsäure (Silizium), die nicht nur Bindegewebe, Haut, Haare und Nägel stärkt, sondern auch Nerven und Gehirnfunktion unterstützt. Besonders für Kinder und Jugendliche ist Kieselsäure sehr wichtig. Darüber hinaus ist Hirse reich an wertvollem Eiweiß. Hirse hat einen würzigen Geschmack und kann wie Reis als Beilage zu pikanten Gerichten, aber auch als Süßspeise verwendet werden. Hirsekörner werden immer entspelzt, d. h. geschält, sowie als Flocken und Mehl angeboten. Hirsemehl macht Gebäck besonders knusprig.

Kartoffeln

Neben getreideähnlichen Alternativen gibt es weitere natürliche Lebensmittel, aus denen Teige hergestellt werden können. Das wichtigste ist die Kartoffel. Gekochte, durchgepresste Kartoffeln ergeben mit Kartoffelstärke und Eiern einen lockeren Teig, der noch süß oder herzhaft gewürzt wird und eine bewährte Grundlage für Kuchen oder Pizzaböden darstellt.

Das ursprünglich aus den Anden stammende Knollengewächs enthält wertvolles Eiweiß, Vitamine und Mineralstoffe. Kartoffeln sind besonders reich an Kalium. Dieses lebensnotwendige Mineral reguliert den Wasserhaushalt der Körperzellen und hält Muskeln und Nerven fit. Durch ihren hohen Stärkegehalt ist die Kartoffel ein wichtiger und gesunder Energielieferant. Ihre komplexen Kohlenhydrate werden nur langsam im Darm abge-

Im Handel werden häufig Hirse- oder Buchweizennudeln angeboten. Vorsicht: Sie enthalten meist auch Weizenmehl. Ganz sicher, dass Nudeln oder andere Produkte wirklich glutenfrei sind, können Sie nur sein, wenn auf der Packung eine durchgestrichene Ähre deutlich sichtbar aufgedruckt ist (siehe Seite 26).

Ein italienisches »Schmankerl« ist der Kastanienpudding, bei dem 250 Gramm geschälte Kastanien mit 60 Gramm Butter, 1 Esslöffel Orangenlikör und 50 Gramm Zucker zu einer kompakten Masse verrührt werden. Danach hebt man noch 250 Gramm steif geschlagene Sahne unter und stellt den Pudding, in Förmchen abgefüllt, für 6 Stunden in den Kühlschrank.

baut und als Glukose in das Blut abgegeben. Dadurch steigt der Blutzuckerspiegel auch nur allmählich und kontinuierlich an: also eine sehr schonende Energieaufnahme.

Kastanien

Auch Kastanien lassen sich zu Teig verarbeiten. Man nimmt entweder getrocknete Kastanien, die gemahlen werden, oder Früchte aus der Dose, die man durch eine Kartoffelquetsche presst. Brot aus Kastanienteig hat einen süß-milden aber würzigen Geschmack.

Die braunen Früchte der Edelkastanie (Maronen), die vor allem im Mittelmeergebiet beheimatet ist, enthalten reichlich Stärke und Öle, und können auch als Beilage oder Brei verwendet werden. Geröstet entfalten sie ein angenehmes süßes Aroma. Der relativ hohe Stärkegehalt bewirkt, dass Gerichte, denen zerquetschte Kastanien oder Kastanienmehl zugefügt wurde, kein Geliermittel benötigen, um zu einer kompakten Masse zu werden. Nicht genießbar sind die Früchte der bei uns heimischen Rosskastanie.

Die Früchte der Edelkastanie (Castanea sativa) sind im Gegensatz zu unserer Rosskastanie essbar. Man kann sie rösten oder als Mehl zum Brotbacken verwenden.

Getreide aus Südamerika

Mais

Mais ist das Grundnahrungsmittel für Millionen von Menschen, vor allem in Mittel- und Südamerika. Je nach Stärkegehalt unterscheidet man verschiedene Sorten. Aus Weich- oder Stärkemais werden Maisstärke und Maisgrieß gewonnen. Gemüsemais hingegen stammt von Sorten mit einem höheren Zuckergehalt ab, daher der süßliche Geschmack der zarten Maiskörner. Durch Hitze und Druck werden aus Maiskörnern Popcorn und die vor allem bei Kindern so beliebten Cornflakes hergestellt. Auch Erdnussflips sind ein Maisprodukt. Auch als Gemüse lässt sich Mais vielseitig verwenden.

Mais enthält als einziges Getreide Beta-Karotin, eine Vorstufe des Vitamin A, und er weist fast genauso viele B-Vitamine wie Weizen auf.

Für die glutenfreie Ernährung bieten Mais und Maismehle eine gute Grundlage für Brote, Kuchen, Pfannkuchen usw. Maisstärke (hier meist bekannt unter dem Namen »Maizena«) eignet sich sehr gut zum Binden von Suppen und Saucen, und zerkleinerte Cornflakes ergeben eine knusprige Panade. Maistortillas können z. B. ein Baguette zum Salat ersetzen. In Italien wird aus Maisgries die beliebte Polenta bzw. Polentaschnitte zubereitet. Für Kinder (und natürlich auch Erwachsene) ersetzt der Maisgrießbrei den Grießbrei aus Weizengrieß.

Reines Maismehl eignet sich nicht gut zum Backen, denn es bindet Feuchtigkeit nur schlecht. Das führt dazu, dass reines Maisgebäck schnell trocken wird. Maismehl ergänzt sich aber gut mit Reismehl, welches reichlich Flüssigkeit bindet und damit für einen idealen Ausgleich sorgt.

Quinoa

»Das Brot der Inkas« ist bei den in den Anden lebenden Indianern neben Kartoffeln und anderen Knollenfrüchten ein Hauptnahrungsmittel. Botanisch betrachtet gehört Quinoa zur selben

---

Tip: Der Maiskeimling enthält viel Fett und eignet sich deshalb nicht zum Selbstmahlen in der Getreidemühle. Aus demselben Grund sollten Sie Mahlprodukte des Maiskorns auch nicht lange lagern, denn sie werden rasch ranzig.

Mais stammt aus Südamerika und war ein Mitbringsel aus Kolumbus' Tagen. Während die Inkas und Azteken Mais mit Hülsenfrüchten und Kürbis zusammen anbauten und auch verzehrten, beschränkte sich die europäische Küche zu Beginn seiner Einführung auf ausschließliche Maisgerichte, die als Armenkost galten. Die Folge war die Mangelerscheinung Pellagra. Heutzutage beugt eine abwechslungsreiche Mischkost solchen Phänomenen vor.

Familie wie Spinat. Seine Blätter können als Blattgemüse verzehrt werden, während seine Früchte, hirseähnliche Körner mit nussigem Geschmack, als Getreideersatz dienen. Seit den achtziger Jahren wird Quinoa auch außerhalb von Südamerika angebaut und seine Früchte sind mittlerweile auch bei uns leicht erhältlich.

Quinoakörner sind reich an Vitaminen und Mineralstoffen, besonders an Kalzium und Magnesium, und sie liefern vor allem auch wertvolles Eiweiß. Quinoa ist von einer bitter schmeckenden Saponinschicht umgeben, die normalerweise durch Waschen in alkalischer Lauge entfernt wird, bevor die Körner in den Handel kommen.

Quinoa kann wie Reis und Hirse als Beilage verwendet werden, eignet sich aber auch gut zur Zubereitung von Brei. Seine Garzeit beträgt nur 15 Minuten, die Körner bleiben bissfest und kleben nicht aneinander.

Reis

In Asien ist Reis das Grundnahrungsmittel Nummer eins. Weltweit steht Reis, nach Weizen, an zweiter Stelle in Ernte und Verbrauch. Botanisch gehört er zu den Grasgewächsen.

Reis wird in unterschiedlichen Sorten und Verarbeitungsqualitäten angeboten. Je nach Kornlänge und -dicke handelt es sich um Langkorn- oder Patnareis (dazu zählt auch Basmatireis) oder um Rundkornreis (dazu zählt z. B. Arborio oder Vialone, italienische Risottoreissorten, aber auch der bei uns bekanntere Milchreis). Die Bezeichnung »Parboiled« steht nicht für eine Reissorte, sondern ist die Bezeichnung für einen vorbehandelten Langkornreis mit gelblicher Farbe. Durch ein spezielles Dampfdruckverfahren werden die Vitamine aus den Randpartien der Körner in den Kern verlagert, weshalb Parboiled-Reis vitaminreicher als weißer Reis ist.

Wird Reis von dem Silberhäutchen, das die Samenschale bildet, befreit und anschließend poliert, verliert er einen großen Teil

Alexander der Große brachte den Reis von seinen Eroberungszügen aus Asien mit. Aber erst die Araber verstanden es, den Reis so richtig zu würdigen. Sie sorgten für seine Verbreitung auf Sizilien und in Spanien. Erst im 15. Jahrhundert wurde Reis in Italien zu einem wesentlichen Grundnahrungsmittel, das dann auch selbst angebaut wurde. Heute gilt die Poebene als das größte Reisanbaugebiet Europas.

seines Nährwertes und seiner Ballaststoffe. Deshalb sollten Sie braunen Naturreis dem weißen vorziehen. Denn Vitamine und Mineralstoffe sitzen unmittelbar unter dem Silberhäutchen.

In Form von Flocken können Sie Reis zu Müsli verarbeiten oder zum Andicken von Speisen verwenden. Reismehl ist eine alternative Grundlage für Teige. Puffreis, z. B mit Joghurt gemischt, und Reiswaffeln, mit Frischkäse bestrichen und mit Rohkost belegt, sind köstliche – von Natur aus glutenfreie – Zwischenmahlzeiten.

Sojabohne

Die Sojabohne ist eine über 5000 Jahre alte Kulturpflanze. In den asiatischen Ländern war und ist sie aufgrund ihres hohen Eiweißgehaltes das wichtigste Grundnahrungsmittel. Heute sind allerdings die USA der größte Produzent von Soja und Sojaprodukten. Soja gilt vielen als das Lebensmittel der Zukunft. Die oft als Wunderbohne bezeichnete Hülsenfrucht gehört zu den Gemüsen mit dem höchsten Eiweißgehalt. Außerdem enthält sie überdurchschnittlich viele Mineralstoffe und Spurenelemente, mit einem besonders hohen Anteil an Eisen und Magnesium, des Weiteren Kalium, Kalzium, Selen, Mangan und Phosphor. Auch für den Organismus notwendige Vitamine sind in der Sojabohne in hohen Konzentrationen vorhanden, insbesondere die für den Stoffwechsel wichtigen Vitamine der B-Gruppe. Der hohe Anteil an Faserstoffen und essenziellen Fettsäuren fördert eine gesunde Verdauung.

Bei so vielen positiven Eigenschaften ist es kein Wunder, dass Soja zunehmend in der Medizin eingesetzt wird. Obwohl viele Wirkungen noch nicht erforscht sind, weiß man, dass Soja u.a. den Cholesterinspiegel senken sowie Herz-Kreislauf-Erkrankungen vorbeugen kann.

Als glutenfreie Getreidealternative ist Sojamehl besonders für Backwaren zu empfehlen. Es gibt entfettetes und Vollfettmehl, wobei entfettetes Mehl natürlich länger haltbar ist.

Die Sojabohne enthält in hoher Konzentration pflanzliche Östrogene. Wissenschafler vermuten, dass diese Östrogene möglicherweise Krebs vorbeugend und Krebs hemmend wirken können.

Getreidealternativen köstlich zubereitet

Bei den glutenfreien Getreidealternativen wurde bereits darauf hingewiesen, dass – sollten es Körnerprodukte sein – diese im Ganzen gekocht und als Beilage zu herzhaften Gerichten gereicht oder als Süßspeise zubereitet werden können. Ebenso können die Körner geschrotet und zu Grütze gekocht werden.

Zu Mehl vermahlen und mit entsprechenden Zutaten vermischt, lassen sich köstliche und raffinierte Pfannkuchen, Fladenbrote, süße und herzhafte Kuchen sowie Gebäck zubereiten. Mischen Sie verschiedene Mehle miteinander, um unterschiedliche Geschmacksnoten zu erreichen und Ihre persönlichen Vorlieben herauszufinden.

Als Flocken ergeben die vorgestellten Getreidealternativen eine gute Grundlage für Müslis oder können zum Andicken von Suppen und Saucen verwendet werden. Anstelle von Semmelbröseln machen sie Fleischteige schön locker.

Sie werden feststellen, dass alle glutenhaltigen Getreidesorten in Müslis, Hauptgerichten, Mehlspeisen, Desserts und selbst in Kuchen in der Praxis durch glutenfreie Alternativen ersetzt werden können.

Unser täglich Brot

Was für den gesunden Menschen selbstverständlich ist, wird für denjenigen, der an Zöliakie oder einer Weizenallergie leidet, zum Problem: das tägliche Brot. Denn den gewohnten Gang zum Bäcker gibt es nicht mehr. Die üblichen Brotsorten sind verboten, und es gibt nur zwei Möglichkeiten, dieses Problem zu lösen: Entweder Sie kaufen fertiges, glutenfreies Spezialbrot, oder Sie backen es selbst. Das fertige Brot – ob selbst gebacken oder gekauft – können Sie in Scheiben schneiden und einfrie-

---

Was dem Mittel- und Nordeuropäer das Brot ist, ist für den Asiaten der Reis. Er gilt nicht nur als schlichtes Lebensmittel, sondern steht für Lebenskraft und -energie im spirituellen Sinn.

Glutenfreie Spezialmehle

ren, so dass Sie es jederzeit griffbereit haben. Es bedarf einiger Übung, wenn man sein Brot selbst backen will, bis man schließlich ein Ergebnis erzielt, das wirklich schmeckt und von der Konsistenz her überzeugt. Das ist schon bei der Verwendung herkömmlicher Getreide der Fall, doch noch schwieriger, wenn Sie mit glutenfreien Alternativen backen wollen. Zunächst müssen Sie sich vom gewohnten Brotgeschmack verabschieden, denn glutenfreie Brote schmecken einfach anders. Außerdem müssen Sie ja auch erst die anderen Backeigenschaften glutenfreier Teige kennen lernen.

Es bietet sich an, fertige Spezialmischungen und alternative Getreidesorten nach Rezeptanleitung zu kombinieren. Verändern Sie den Geschmack Ihres Brotes, indem Sie die zuzufügende Flüssigkeit variieren, nehmen Sie beispielsweise Joghurt und Buttermilch statt Wasser. Als Backtreibmittel kommen Hefe (Weinstein), Backpulver und glutenfreier Sauerteig infrage.

Wenn Sie sich entscheiden, Ihr Brot auf Dauer selbst zu backen, sollten Sie die Anschaffung eines Brotbackautomaten in Betracht ziehen. Dieses Gerät erleichtert die Herstellung des Teigs und verbessert zudem das Backergebnis.

Brote aus Reis-, Mais- und Hirsemehl sowie den anderen getreideähnlichen Alternativen haben nicht die gewohnte elastische Konsistenz, und einen ganz anderen Geschmack als Weizen- oder Roggenbrote.

Reis wird vor allem in China in großen Mengen angebaut. Brot aus Reismehl ist für Menschen mit Glutenüberempfindlichkeit eine hervorragende Alternative.

Im Rezeptteil finden Sie ein paar Anregungen für Brote aus dem Brotbackautomaten.

Glutenfreie Spezialmehle

Neben den von Natur aus glutenfreien Lebensmitteln, kann auf eine große Palette glutenfreier Spezialprodukte – Mehle und Backwaren – zurückgegriffen werden, die im Reformhaus und häufig auch direkt bei den entsprechenden Mühlen erhältlich sind.

Es werden verschiedene glutenfreie Mehle angeboten, die aus unterschiedlichen glutenfreien Stärken bestehen – Maisstärke, Kartoffelstärke, Reisstärke, Tapiokastärke, glutenfreie Weizenstärke – und durch die Zugabe unterschiedlicher Verdickungsmittel wie z. B. Guarkernmehl oder Johannisbrotkernmehl ihre Backfähigkeit erreichen. Diese Verdickungsmittel, zu denen auch Yanthan oder Traganth gehören, ersetzen die Funktion von Gluten im Teig. Um den Ballaststoffgehalt dieser Mehle zu erhöhen, wird von vielen Herstellern beispielsweise glutenfreie Kleie untergemischt und, um dem Mehl eine gelbliche Farbe zu verleihen, wird Maismehl zugegeben. Durch die Zugabe anderer alternativer Mehle wie z. B. Buchweizenmehl oder Kastanienmehl erreicht man, dass der Nährwert erhöht wird und verschiedene Geschmacksnoten erzeugt werden.

Ein Vorteil der Spezialmehle liegt auf der Hand: Die Backfähigkeit der Spezialmehle gegenüber den Mehlen aus glutenfreien Körnern ist unvergleichlich besser – es lassen sich dadurch Brote und Gebäck mit ähnlicher Konsistenz zubereiten, wie Sie es von glutenhaltigen Produkten gewohnt sind. Der Umgang mit glutenfreien Mehlen bedarf allerdings spezieller Erfahrung, weshalb die Hersteller dringend empfehlen, sich an die Rezepturen zu halten. Denn Teige aus glutenfreien Spezialmehlen sind z. B. viel flüssiger und schwerer als glutenhaltige und benötigen eine längere Quellzeit, weil Stärken viel mehr Flüssigkeit aufnehmen als Weizenmehl.

Es gibt im Handel glutenfreie Mehlmischungen unterschiedlicher Geschmacksrichtungen mit entsprechenden Rezepturen, die Ihnen die Zubereitung von Brot und Backwaren erleichtern.

Lieber selbst mahlen

Lassen Sie sich glutenfreie Körner nicht im Reformhaus oder Naturkostladen mahlen, denn dort kann Ihnen niemand garantieren, dass die Mühle völlig frei von glutenhaltigem Getreide ist. Also: Am besten die ganzen Körner kaufen und zu Hause in der eigenen Getreidemühle mahlen.

Glutenfreie Backmischungen

Fertige Backmischungen für Brote und Kuchen erleichtern die Eigenproduktion von Broten und Gebäck. Sie sind eine praktische Grundlage für die glutenfreie häusliche Backstube.

Wer keine Zeit und keine Muße zum Selbstbacken hat, kann fertige Brote und verschiedenste Gebäcksorten kaufen. Die Hersteller müssen garantieren, dass ihre Produkte glutenfrei sind und unterliegen strengen Kontrollen. Dies und sicherlich auch der relativ niedrige Marktanteil an glutenfreien Spezialprodukten führt dazu, dass glutenfreie Mehle, Brote und Gebäck im Vergleich zu glutenhaltigen Produkten relativ teuer sind. Sie kosten teilweise ein Mehrfaches der üblichen, glutenhaltigen Produkte. Wer sich überwiegend mit solchen Produkten ernährt, muss also tiefer in die Tasche greifen als der gesunde Normalbürger oder derjenige, der sich nur alternativ glutenfrei ernährt. Seit langem steht die Interessensvertretung der Zöliakie/Sprue-Patienten im Gespräch mit Krankenkassen über eine Mehrkostenübernahme, die z. B. in Italien und Frankreich praktiziert wird. Bei uns ist leider eine Übernahme durch die Krankenkasse trotz aller Bemühungen nicht in Sicht. Um Kosten zu senken, organisieren viele Selbsthilfegruppen die Bestellung größerer Mengen von Spezialmehlen und -produkten, um dadurch Rabatte mit den entsprechenden Herstellern aushandeln zu können.

Im 19. Jahrhundert war es üblich, Brote und Backwaren aus Kartoffel- oder Kastanienmehl zuzubereiten – Weizenmehl war für den größten Teil der Bevölkerung zu teuer.

Die Kennzeichnungspflicht von glutenfreien Lebensmitteln ist unzureichend. Zusatzstoffe müssen allerdings in der Zutatenliste von verpackten Lebensmitteln genannt werden.

Glutenfreie Bindemittel

Glutenfreie Bindemittel können auf der Verpackung durch die E-Nummern kenntlich gemacht werden, oder sie werden einfach als Verdickungsmittel bezeichnet. Bei den E-Nummern steht 410 für Johannisbrotkernmehl, 412 für Guarkernmehl und 415 für Xanthan.

Agar-Agar

Agar-Agar ist eine gallertartige Substanz, die aus rotem Seetang gewonnen wird. Die Lebensmittelindustrie verwendet dieses Extrakt aufgrund seiner Gelierfähigkeit als Dickungsmittel, u. a. auch für Glasuren. Agar-Agar können Sie als Bindemittel in kalte oder warme Flüssigkeiten einrühren.

Alle Bindemittel sollten Sie nur äußerst sparsam einsetzen. Sonst könnte es Ihnen passieren, dass z. B. Ihre Suppe »schnittfest« wird.

Guarkernmehl

Guar wird im Wesentlichen in Indien und Pakistan angebaut. Die in den Schoten befindlichen Samen werden herausgelöst, von Schale und Keimling befreit und dann gemahlen. Guarkernmehle können große Mengen auch kalten Wassers binden und behalten auch in sauren Flüssigkeiten ihre Quellfähigkeit. Außerdem sind sie bis 95 °C hitzestabil. Guarkernmehl dient als Kleberersatz, muss jedoch mit Bedacht eingesetzt werden, da ein Zuviel die Konsistenz des Gebäcks ungünstig beeinflusst. Der Teig geht nicht richtig auf und die Backwaren werden gummiartig. Auch zum Binden von Saucen und Desserts eignet sich Guarkernmehl.

Johannisbrotkernmehl

Der Johannisbrotbaum wächst vor allem im Mittelmeerraum. In den reifen Früchten, langen, braunen Schoten, befinden sich jeweils fünf bis sechs Kerne. Zur Verarbeitung werden die Kerne aus den Schoten herausgelöst, und der Keimling wird entfernt. Dann werden die Kerne zu Mehl vermahlen.
Johannisbrotkernmehl erreicht seine beste Quellfähigkeit, wenn es erhitzt wird. Bevor Sie es in Speisen einrühren, sollten Sie es mit etwas Salz oder Zucker verrühren, um Klumpenbildung zu vermeiden.

Kartoffelmehl

Aufgrund seines hohen Stärkegehalts eignet sich das Mehl der Kartoffel ebenfalls bestens zum Binden von Suppen und Saucen. Man kann auch Knödelmehl – natürlich nur aus Kartoffeln gewonnen – dafür verwenden.

Xanthan

Xanthan wird durch den bakteriellen Abbau von Zuckern gewonnen und ist als glutenfreies Verdickungsmittel häufig in industriellen Produkten zu finden. Für den Hausgebrauch ist es nur schwer zu beschaffen.

> Sie müssen sich auch die Vorteile einer glutenfreien Ernährung vor Augen halten. Sie ist häufig gesünder als die herkömmliche Kost. Das gilt sogar für die Bindemittel, die kein Fett enthalten.

Glutenfrei kochen und backen

Glutenfrei kochen bedeutet nicht Verzicht. Wichtig ist zu wissen, welche Zutaten man verwenden kann. Das Rezept für diese Polenta finden Sie auf Seite 74.

Für glutenfreies Kochen und Backen brauchen Sie etwas Übung, aber Ihrer Phantasie und Experimentierfreude sind keine Grenzen gesteckt.

Aus Gemüse, Obst, Hülsenfrüchten, Fleisch, Fisch und vielen anderen Lebensmitteln lassen sich Gerichte zubereiten, die absolut glutenfrei sind und der ganzen Familie schmecken. Es ist von daher in vielen Fällen überflüssig, eine extra glutenfreie Portion zu kochen. Wenn Sie in ganz normalen Kochbüchern blättern, werden Sie feststellen, dass es unzählige Rezepte gibt, die weder Mehl noch andere glutenhaltige Produkte in der Zutatenliste aufführen. Frische Salate und bissfest gedünstetes Gemüse, asiatische Gerichte aus dem Wok (sie werden mit Speisestärke gebunden) sind gute Beispiele dafür. Fleischsaucen können Sie genauso gut mit einer glutenfreien Stärke (Maismehl, Kartoffelstärke) binden wie mit Mehl.

Vor allem Rezepte der internationalen Küche (Asien, Mexiko, Italien) liefern gute Anregungen für eine abwechslungsreiche glutenfreie Küche.

Neues aus dem Backofen

Das Backen ohne glutenhaltige Mehle erfordert im Gegensatz zum glutenfreien Kochen etwas Übung und auch ein wenig Lust zum Experimentieren. Dennoch wird Ihnen beim Blättern in herkömmlichen Backbüchern auffallen, dass es durchaus Backrezepte gibt, die wenig oder gar kein Weizenmehl enthalten. Sie können Mehl durch gemahlene Nüsse oder Mandeln, durch glutenfreie Stärke oder durch eine Mischung von Stärke und Reis, Hirse- oder Buchweizenmehl oder ein anderes von Natur aus glutenfreies Mehl ersetzen.

Beachten Sie dabei jedoch, dass z. B. Reismehl sehr viel Flüssigkeit aufsaugt und Kuchen und Gebäck schwer macht. Hirsemehl trägt dazu bei, dass Gebäck knuspriger wird, und Stärke bindet mehr Flüssigkeit als normales Mehl. Geben Sie deshalb etwas mehr Flüssigkeit zum Teig, je nachdem wie viel Stärke Sie verwenden. Bei der Zubereitung glutenfreier Mahlzeiten ist es ganz wichtig, dass alle benutzten Geräte (Pfannen, Töpfe, Messer, Schneidebretter etc.) absolut frei von glutenhaltigen Lebensmittelresten sind. Reinigen Sie also immer erst gründlich die Gerätschaften, wenn Sie nicht sicher sind, was damit vorher zubereitet wurde. Zwar reagiert nicht jeder, der sich glutenfrei ernähren muss, spontan auf kleinste Glutenmengen, doch können sich dadurch über einen längeren Zeitraum hinweg wieder Krankheitssymptome bemerkbar machen, die vorher verschwunden waren.

Wichtig bei Haushalten mit mehreren Personen: Achten Sie darauf, dass alle benutzten Kochgeräte absolut frei von glutenhaltigen Speiseresten sind.

Essen außer Haus

In den eigenen vier Wänden lässt sich eine glutenfreie Ernährung relativ unproblematisch umsetzen, denn Sie haben es selbst in der Hand, was Sie kaufen und wie Sie Ihr Essen zubereiten. Doch beim Essen in der Kantine, im Restaurant oder bei Freunden sind Sie auf Informationen des jeweiligen Kochs angewiesen. Sie müssen sich immer vergewissern, ob bei dem Ihnen vorgesetzten Essen wirklich keine glutenhaltigen Produkte verwendet wurden.

Glutenfreies Backpulver

Mischen Sie sich Ihr Backpulver selbst, dann ist es garantiert glutenfrei: 60 Gramm doppeltkohlensaures Natron mit 130 Gramm Weinstein (aus der Apotheke) mischen. 60 Gramm Kartoffel- oder Maisstärke bzw. Reismehl zugeben. Die ganze Mischung 2-mal durchsieben und in einem luftdicht verschlossenen Glas aufbewahren.

In den letzten Jahren hat sich das Angebot an glutenfreien Rohstoffen und Fertigprodukten erheblich gebessert. Es gibt heute eine breite Produktpalette mit unterschiedlichen Geschmacksvarianten.

Wenn Sie außer Haus essen möchten oder müssen, sollten Sie gezwungenermaßen auch über Ihre Glutenunverträglichkeit sprechen und darüber, was Sie essen dürfen und was nicht. Vermeiden Sie dabei den Begriff »Gluten«, denn viele Leute wissen damit nichts anzufangen. Verständlicher ist die Bezeichnung »Getreideeiweiß«. Sprechen Sie also im Freundes- und Bekanntenkreis oder im Restaurant und in der Kantine von einer Unverträglichkeit auf Getreideeiweiß, und betonen Sie, dass Ihr Essen nicht Mehl, Paniermehl, (Weizen-)Grieß, Nudeln usw. enthalten darf.

Vielen Betroffenen fällt der Schritt in die Öffentlichkeit sicherlich schwer, denn nicht jeder mag gerne im Mittelpunkt stehen. Hilfreich sind Selbsthilfegruppen, die helfen, offen über diese ernst zu nehmende Krankheit zu sprechen. Bedenken Sie auch, dass Sie als Betroffener eine gewisse Verpflichtung zur Öffentlichkeitsarbeit haben, denn je mehr Menschen über eine Getreideeiweißunverträglichkeit reden, desto bekannter wird dieses Leiden und desto mehr wird der Markt dazu angemahnt, darauf zu reagieren.

Glutenfreie Nahrung sollte ein gesamtgesellschaftliches Thema werden. Nur so ist es möglich, dass tatsächlich glutenfreie Nahrungsmittel auf den Markt kommen und auch die Möglichkeit besteht, in Restaurants glutenfreie, köstliche Gerichte zu bekommen, weil das Problem den Köchen bekannt ist.

Gesünder leben mit glutenfreier Kost

Auch wer bisweilen an den Umständen und Problemen einer glutenfreien Ernährung verzweifelt, sollte sich stets den Nutzen dieser Diät vor Augen halten. Das hilft meistens und das psychische Tief lässt sich leichter überwinden. Denn die glutenfreie Kost verringert bei Dermatitis herpetiformis Duhring die Schübe der Hauterkrankung. Der Betroffene benötigt auch weniger Medikamente unter einer glutenfreien Ernährung als unter einer normalen Kost. Bei Zöliakie und Sprue bessert sich auch ohne Medikamente das Krankheitsbild recht zufriedenstellend. Und noch eines: Die strikte Einhaltung einer glutenfreien Diät vermag ganz eindeutig ein erhöhtes Risiko einer Tumorentstehung zu verringern. Daran sollte jeder, der sich ein Leben lang glutenfrei ernähren muss, immer wieder denken.

Alternativen in der Küche

Die Anstatt-Tabelle

- **Zum Andicken von Suppen und Saucen**

Kartoffel-, Mais- oder Tapiokastärke statt Mehl

- **Zum Einrühren in heiße Speisen**

Johannisbrotkernmehl (Biobin). Es muss vorher nicht aufgelöst werden

- **Zum Einrühren in heiße oder kalte Flüssigkeiten**

Guarkernmehl. Es eignet sich auch sehr gut für saure Zubereitungen

Mit Hirse- und Reisflocken lassen sich Flüssigkeiten ebenfalls binden

Stärke, um Kartoffelteige aus rohen oder gekochten Kartoffeln zu binden

Stärke, um Teig auszurollen

- **Zum Panieren**

Zerkleinerte Cornflakes oder Maisgrieß statt Semmelbrösel. Semmelbrösel lassen sich aus trockenem glutenfreien Brot auch selbst herstellen

- **Mehlschwitzen**

Buchweizen-, Reis-, Hirse- oder Amaranthmehl statt Weizenmehl

- **Grießpuddings und -klößchen**

Maisgrieß statt Weizengrieß

- **Zum Kuchenbacken**

Glutenhaltiges Mehl (z. B. Weizenmehl) durch Stärke oder eine Mischung aus Stärke und einem von Natur aus glutenfreien Mehl ersetzen

- **Zum Brotbacken**

Buchweizenmehl, Hirsemehl, Kastanien sowie glutenfreie Mehlmischungen

Trotz Zöliakie oder Sprue müssen Sie nicht auf eine abwechslungsreiche Ernährung verzichten. Für glutenhaltige Getreide, Mehle und Lebensmittel gibt es zahlreiche Alternativen. So lernen Sie auch »exotische« Lebensmittel kennen, von denen sich Menschen ferner Länder schon seit Jahrtausenden ernähren.

Rezepte

Müslis

Ein gesundes Müsli erleichtert den Start in den Tag. Sie müssen nicht darauf verzichten, auch wenn Ihr »Spezialmüsli« aus anderen Zutaten besteht.

Das Frühstück ist für viele die wichtigste Mahlzeit des Tages oder sollte es zumindest sein. Wenn Sie den Tag mit einem ausgewogenen Frühstück beginnen, für das Sie sich etwas Zeit genommen haben, können Sie den Belastungen des Tages besser standhalten. Es sollte Ihnen einen Vorrat an Vitaminen und Mineralstoffen mit auf den Weg geben, nahrhaft sein, Sie aber nicht zu sehr belasten. Müsli, Früchte, Milch und Milchprodukte – das sind die Bestandteile eines köstlichen und gesunden Frühstücks. Es gibt viele glutenfreie Alternativen zu den Zutaten, auf die Sie bei Ihrem Müsli verzichten müssen, und sie sind genauso wohlschmeckend. Glutenfreies Müsli können Sie leicht selbst mischen, mit Obst und Milchprodukten erhalten Sie so ein Frühstück, das Ihnen einen guten Start in den Tag ermöglicht.

Grundmischung Müsli

Zutaten

- je 100 g Hirse- und Reisflocken
- 100 g Amaranthpops
- 100 g Cornflakes
- 100 g Reiscrispis
- 2 EL Rosinen
- 3 EL gehackte Nüsse
- nach Belieben je 1 EL Sonnenblumenkerne, Sesam- oder Leinsamen

■ *Zeit: 10 Minuten*

1 Alle Zutaten mischen und in einem großen, luftdicht verschlossenen Behälter aufbewahren.

2 Nach Belieben mit frischen oder getrockneten Früchten, Beeren, Joghurt und naturbelassenen Milchprodukten anreichern. Wer mag, kann noch Buchweizensprossen oder geröstete Buchweizenkörner darüber streuen.

Tip Rösten Sie ganze Buchweizenkörner in einer ungefetteten Pfanne auf Vorrat, und lassen Sie sie dann gänzlich abkühlen. Sie halten sich, aufbewahrt in einem gut verschlossenen Behälter, einige Zeit. Sie können sie nach Belieben über Müslis oder Desserts streuen.

Frisch in den Morgen

Flockenbrei mit Rosinen

Für 2 Personen
- 30 g Hirse-, Reis- oder Buchweizenflocken
- 200 ml Milch
- 1 EL Rosinen
- 1 Birne
- Zimtzucker

■ *Zeit: 15 Minuten*

1 Die Flocken mit der Milch in einem kleinen Topf einmal aufkochen lassen. Bei schwacher Hitze 1 bis 2 Minuten lang köcheln lassen.

2 Den Flockenbrei in eine Schüssel füllen. Die Rosinen kurz waschen, gut abtropfen lassen und untermischen. Die Birne ebenfalls gut waschen, abtrocknen und grob in den Flockenbrei raspeln.

3 Nach Belieben mit Zimtzucker abschmecken.

Info Birnen sind die ideale Ergänzung zu diesem Flockenbrei. Ihr hoher Wasseranteil fördert die leichte Verdauung. Dadurch gelangen die gelösten Nährstoffe schnell in den Darm, was Verstopfungen vorbeugt. Der süße Geschmack, resultierend aus dem geringen Fruchtsäuregehalt, macht sie auch bei Kindern besonders beliebt.

Köstlich und schnell zubereitet: Der Flockenbrei wird durch das fruchtige Aroma der Birne noch verfeinert.

Brote

Hier finden Sie einige Brotrezepte, in denen Kartoffeln und glutenfreie getreideähnliche Alternativen verwendet werden. Diese Brote sind allerdings nicht mit unseren gängigen Broten in Konsistenz und Geschmack zu vergleichen. Brote mit lockerer, elastischer Konsistenz erhalten Sie am einfachsten, wenn Sie glutenfreie Mehlmischungen verwenden, die Sie mit beliebigen Zutaten anreichern können.

Wenn Sie noch keine Backerfahrung mit glutenfreien Mehlen haben, halten Sie sich genau an die Anweisungen des jeweiligen Herstellers.

Kartoffelbrot

Für eine 28-cm-Kastenform

- 500 g Kartoffeln
- 200 g Kartoffelstärke
- 100 g Sonnenblumenkerne
- 50 g Buchweizenmehl
- 2 Päckchen Trockenhefe
- 1 TL Salz
- Fett für die Form

■ *Zeit: 1 Stunde*
  Backzeit: 1 Stunde

1 Die Kartoffeln schälen. Die Hälfte davon kochen, die übrigen fein reiben. Die gekochten Kartoffeln noch heiß durch die Presse drücken oder durch ein Sieb streichen und die Masse ausdampfen lassen.

2 Rohe und gekochte Kartoffeln mit der Stärke, 50 Gramm der Sonnenblumenkerne, mit Buchweizenmehl, Hefe und Salz zu einem geschmeidigen Teig kneten. Etwa 1 Stunde gehen lassen.

3 Den Teig in eine gefettete Kastenform füllen und mit den restlichen Sonnenblumenkernen bestreuen. Das Brot bei 200 °C etwa 1 Stunde backen. Eine Tasse heißes Wasser zur Erhöhung der Luftfeuchtigkeit mit in den Backofen stellen.

Variationen Sie können aus dem Teig auch Brötchen oder Stangen formen. Diese dann je nach Größe nur etwa 30 bis 40 Minuten backen.

Ihrer Phantasie sind bei dem Kartoffelbrot keine Grenzen gesetzt: Statt der Sonnenblumenkerne können Sie gemahlene Nüsse verwenden oder 50 Gramm Schinkenwürfel untermischen. Als weitere Alternative können Sie 2 Teelöffel getrocknete Kräuter unter den Teig mischen.

Mais-Reis-Brot

1 Kartoffeln gründlich waschen und in der Schale kochen oder dämpfen, noch heiß durch die Presse drücken und mit ¼ Liter lauwarmem Wasser zu einem Brei verrühren.
2 Hefe mit Honig in etwas lauwarmem Wasser auflösen. Diese Mischung sowie die beiden Mehlsorten und Salz unter den Kartoffelbrei mischen und alles zugedeckt 30 Minuten gehen lassen.
3 Den Teig in eine gefettete Kastenform füllen und bei 200° C etwa 45 Minuten backen.

Für eine 28-cm-Kastenform
- 150 g Kartoffeln
- 1 Würfel frische Hefe
- ½ TL Honig
- 200 g Reismehl
- 200 g Maismehl
- 1 TL Salz
- Fett für die Form

■ *Zeit: 2 Stunden*

Mais-Quark-Brot

1 Die Hefe in eine Tasse bröckeln, Zucker darüber streuen und mit der Milch verrühren.
2 Maismehl und Stärke in einer Schüssel miteinander vermischen. Die Hefe-Milch-Mischung dazugeben, unterrühren und den Teig etwa 30 Minuten gehen lassen, bis sich Risse an der Oberfläche bilden. Dann das Ei, den Quark und das Salz nacheinander unter den Teig kneten.
3 Den Teig in eine gefettete Kastenform füllen und bei 200 °C etwa 1 Stunde backen. 10 Minuten vor Ende der Backzeit das Brot mit dem verquirlten Ei bestreichen.

Für eine 28-cm-Kastenform
- 1 Päckchen Trockenhefe
- 1 TL Zucker
- 5 EL lauwarme Milch
- 125 g Maismehl
- 375 g Kartoffelstärke
- 1 Ei
- 250 g Magerquark
- 1 TL Salz
- Fett für die Form
- 1 Ei zum Bestreichen

■ *Zeit: 1 Stunde und 45 Minuten*

Mais-Buchweizen-Brot

1 Quark, Eier, Öl und Milch in einer großen Schüssel verrühren. Dann Salz, die beiden Mehlsorten und Backpulver untermischen. Den Teig etwa 20 Minuten an einem warmen Ort quellen lassen.
2 Den Ofen auf 200 °C vorheizen. Form fetten, Teig hineinfüllen und 50 Minuten backen.

Für eine 28-cm-Kastenform
- 200 g Quark, 20 %
- 2 Eier
- 5 EL Öl
- ¼ l Milch
- 2 TL Salz
- 200 g Buchweizenmehl
- 250 g Maismehl
- 1 Päckchen Weinstein-Backpulver

■ *Zeit: 1 Stunde und 30 Minuten*

Info Das Weinstein-Backpulver besteht aus dem Säuerungsmittel Weinstein, dem Triebmittel Natron und Kartoffelstärke.

Rezepte

Reisbrot

Für eine 28-cm-Kastenform

- 750 g Reismehl (fein gemahlener Naturreis)
- 1 TL Salz
- 1 ½ Päckchen Weinstein-Backpulver
- ca. 700 ml Wasser
- ca. 7 EL Öl

■ *Zeit: 1 Stunde und 15 Minuten*

1 Reismehl, Salz, Backpulver, Wasser und Öl in eine Schüssel geben und mit dem Handrührgerät gut vermischen. Es muss ein flüssiger Teig aus den Zutaten entstehen.

2 Backofen auf 220 °C vorheizen. Form fetten, Teig hineinfüllen und 15 Minuten backen, dann die Temperatur auf 180 °C reduzieren und etwa 50 Minuten backen.

Tip Statt Reismehl eine Mischung aus mehreren glutenfreien Mehlen nehmen (z. B. Reis, Mais, Hirse).

Knäckebrot

Für 20 Stück

- 100 g Maismehl
- 50 g Reismehl
- 50 g Hirsemehl
- 50 g Buchweizenmehl
- ½ Päckchen Trockenhefe
- 100 g kalte Butter
- 150 g Naturjoghurt
- ½ TL Salz
- 1 Ei
- Fett für das Blech
- Milch zum Bestreichen
- Sesam- oder Mohnsamen zum Bestreuen

■ *Zeit: 45 Minuten*

1 Die Mehle mit der Hefe in einer Schüssel mischen. Die Butter in Stückchen darüber streuen. Joghurt, Salz und Ei hinzufügen und mit den Knethaken des Handrührgeräts alles zu einem Teig verkneten.

2 Ein Backblech fetten und den Teig darauf geben. Mit einem Teigschaber den Teig auf dem Blech glatt streichen, er soll etwa 2 Millimeter dick sein. Die Teigplatte mit Milch bestreichen, mit Sesam- oder Mohnsamen bestreuen und den Teig mit einer Gabel mehrmals einstechen.

3 Das Knäckebrot bei 220 °C etwa 30 Minuten backen, aus dem Ofen nehmen, sofort in 20 Rechtecke schneiden und auf einem Kuchengitter auskühlen lassen. Gut verschlossen in einer Blechdose aufbewahren und innerhalb von 3 Wochen aufbrauchen.

Tip Tauchen Sie den Teigschaber, mit dem Sie den Teig glatt streichen, immer wieder in Kartoffelstärke. Dadurch bleibt der Teig nicht am Schaber hängen.

Tip Bei Teigen mit Hefe sollten Sie darauf achten, dass alle Zutaten Zimmertemperatur haben. Dadurch sind die idealen Verhältnisse für den Gärprozess der Hefe gegeben.

Früchtebrot

1 Maisstärke, Kastanienmehl, Backpulver, Guarkernmehl, Salz, Zucker, Zimt, Mandeln und Haselnüsse in eine Schüssel geben und gründlich miteinander vermischen.

2 Die Eier hinzufügen und alles mit dem Handrührgerät etwa 5 Minuten verrühren. Das Trockenobst klein schneiden und mit den Rosinen unter den Teig rühren.

3 Eine Kastenform fetten und den Teig hineinfüllen. Das Früchtebrot bei 200 °C 50 bis 60 Minuten backen.

Für eine 28-cm-Kastenform

- 50 g Maisstärke
- 75 g Kastanienmehl
- 2 TL Backpulver
- 3 g Guarkernmehl
- 1 Prise Salz
- 50 g Zucker
- 1 TL Zimt
- 60 g gehackte Mandeln
- 125 gehackte Haselnüsse
- 3 Eier
- je 100 g getrocknete Backpflaumen, Aprikosen und Apfelringe
- 150 g Rosinen
- Fett für die Form

■ *Zeit: 1 Stunde und 15 Minuten*

Brote aus Spezialmehlen in der Brotbackmaschine

Wer Brot in der Brotbackmaschine backen will, kann nicht ohne weiteres herkömmliche Rezepturen dafür verwenden. Einige Anbieter von glutenfreien Mehlen haben bereits entsprechende Rezepte veröffentlicht, bei anderen fehlen noch Anleitungen. Die folgenden Rezepturen sind von Betroffenen entwickelt und erprobt worden. Wenn Sie die Brote nachbacken, verwenden Sie unbedingt das Mehl von dem angegebenen Hersteller: Die Mehle unterscheiden sich je nach Hersteller in ihrem Backverhalten.

Zubereitung

Jeweils sämtliche Zutaten miteinander vermengen, so dass ein Teig von gleichförmiger Konsistenz entsteht. Den Teig in eine Kastenform füllen und in die Backmaschine geben, dann das entsprechende Programm einstellen (siehe Gebrauchsanweisung) – fertig.

Info Bei der Verwendung von getrockneten Früchten sollten Sie immer darauf achten, ungeschwefelte Früchte zu verwenden. Zur Haltbarmachung und Farberhaltung werden sie oft geschwefelt, müssen dann aber gekennzeichnet sein.

Rezepte

Brote lassen sich aus den unterschiedlichsten Getreiden backen. Glutenfreie Mehlalternativen sind beispielsweise aus Buchweizen, Mais, Guarkern- oder Kastanienmehl.

Varianten
Für ein Kräuterbrot fügen Sie dem ersten Rezept 20 Gramm tiefgekühlte Kräuter hinzu.
Für ein Buchweizenbrot ersetzen Sie 100 Gramm Damin durch Buchweizen.

Die Mehlsorten Damin, Mix B und Vital sind bei Brotbackmaschinen-Vertreibern erhältlich.

Rezepte für die Brotbackmaschine

1 300 ml Wasser • 5 EL Öl • 1 EL Zucker • 1 TL Salz
400 g Damin • 1 TL Trockenhefe
2 450 ml Wasser • 2 EL Öl • 500 g Mix B (Schär)
10 g Trockenhefe
3 370 ml Wasser • 500 g Weißmehl (Poensgen)
½ Päckchen Trockenhefe

Rosinenbrot

200 ml Milch • 150 g Joghurt • 2 EL Zucker • 1 TL Salz
350 g Damin • 1 TL Trockenhefe • 80 g Rosinen • abgeriebene Zitronenschale

Vitalbrot

320 g Wasser • 1 EL Öl • 1 Ei • 1 TL Zucker • 500 g Vollmehlmischung Vital (Schär) • 1 TL Salz • 2 TL Trockenhefe

Suppen

Gerade wenn Sie sich so richtig hungrig an den Tisch setzen, ist eine Suppe vorneweg genau das, was Ihnen gut tut. Sie stillt den ersten Heißhunger, entspannt den Magen und gibt Ihnen Ruhe, die weitere Mahlzeit genießen zu können.

Brühe mit Amaranthklößchen

1 Wasser mit Brühe aufkochen, Amaranth einstreuen und etwa 20 Minuten leise köcheln lassen, bis die ganze Flüssigkeit verdampft ist.
2 Reisschrot und Eigelb mit dem heißen Amaranth verrühren. Eiweiß mit Salz steif schlagen und unterziehen.
3 Butter in einer Pfanne erhitzen und mit einem Teelöffel kleine Klößchen hineinsetzen. Bei geringer Hitze auf beiden Seiten goldgelb braten.
4 In die heiße Suppe geben und servieren.

Für 4 Personen
- ¼ l Wasser
- ½ TL Gemüse-Hefe-Brühe
- 50 g Amaranth
- 2 EL Reisschrot
- 1 Eigelb
- 1 Eiweiß
- 1 Prise Salz
- 2 EL Butter
- 1 l Gemüsebrühe

■ *Zeit: 45 Minuten*

Hirsesuppe mit Ei

1 Die Brühe zum Kochen bringen und die Flocken in die kochende Suppe streuen.
2 Das verquirlte Ei in die kochende Suppe einrühren.
3 Den gewaschenen Schnittlauch in feine Röllchen schneiden. Den Schnittlauch kurz vor dem Servieren auf die angerichtete Suppe streuen.

Für 4 Personen
- 1 l Gemüsebrühe
- 2 gehäufte EL Hirseflocken
- 1 Ei
- 1 Bund Schnittlauch

■ *Zeit: 25 Minuten*

Geröstete Maissuppe

1 Die Butter in einem Topf schmelzen lassen. Den Grieß darin leicht anbräunen. Mit der Brühe ablöschen, zum Kochen bringen und die Suppe bei niedriger Hitze 15 Minuten ausquellen lassen.
2 Den Käse in der Suppe schmelzen, mit Pfeffer und Muskat abschmecken.
3 Petersilie waschen und ohne grobe Stengel klein hacken. In die Suppe geben und sofort servieren.

Für 4 Personen
- 50 g Butter
- 4 EL Maisgrieß
- 1 ½ l Gemüsebrühe
- 50 g geriebener Emmentaler
- Pfeffer
- geriebene Muskatnuss
- 1 Bund Petersilie

■ *Zeit: 35 Minuten*

Rezepte

Reis-Linsen-Suppe

Für 4 Portionen

- 150 g Linsen
- 2 Zwiebeln
- 2 Knoblauchzehen
- 2–3 EL Sonnenblumenöl
- 2 Gewürznelken
- 3–4 Koriandersamen
- ¼ TL Zimtpulver
- 2 Karotten
- 60 g Reismehl
- 2 TL gekörnte Gemüsebrühe
- Salz, Pfeffer
- 1 Kästchen Gartenkresse

■ **Zeit: 1 Stunde**

1 Linsen verlesen und waschen. Zwiebeln und Knoblauch fein würfeln.

2 Das Öl in einem Topf erhitzen und die Zwiebeln mit dem Knoblauch darin leicht andünsten. Linsen und 1 ¼ Liter Wasser dazugeben und zugedeckt zum Kochen bringen.

3 Nelken und Koriandersamen zerstoßen und mit dem Zimt zur Suppe geben. Zugedeckt bei mittlerer Hitze etwa 25 Minuten kochen lassen.

4 Inzwischen die Karotten waschen, schälen, in dünne Scheiben schneiden oder hobeln und in die Suppe geben.

5 Das Reismehl in etwas kaltem Wasser anrühren, dann in die kochende Suppe einrühren. Noch etwa 10 Minuten kochen lassen, dabei gelegentlich umrühren.

6 Die Suppe mit der Gemüsebrühe, Salz und Pfeffer abschmecken und mit der Kresse garnieren.

Diese Gemüsebrühe mit Nussklößchen kann als Vorspeise (eines Menüs) oder als leichte Zwischenmahlzeit sicher auch Feinschmecker überzeugen.

Hirsesuppe mit Erbsen und Karotten

1 Die Hirse in einem Sieb abspülen. Die Hälfte der Butter in einem großen Topf erhitzen und die Hirse darin unter Rühren leicht anrösten.
2 Gut 1 Liter Wasser dazugießen und aufkochen. Brühwürfel, etwas Salz und Currypulver hineinrühren. Zugedeckt bei mittlerer Hitze leicht köcheln lassen.
3 Inzwischen vom Kohlrabi die Blätter abschneiden. Die zarten, inneren Blättchen beiseite legen. Die Knolle waschen, dünn schälen, in ½ Zentimeter große Würfel schneiden und zur Suppe geben.
4 Die Karotte waschen und schälen, in dünne Scheiben schneiden und etwa 7 Minuten in der Suppe bei mittlerer Hitze mitkochen lassen.
5 Wenn die Hirsekörner nach etwa 20 Minuten fast ganz aufgequollen sind, die Erbsen hinzufügen und noch 2–3 Minuten mitkochen lassen. Eventuell noch etwas Gemüsebrühe angießen.
6 Den Topf von der Herdplatte nehmen und die Hirsesuppe mit Salz abschmecken. Die restliche Butter und die Sahne hinzufügen. Den Schnittlauch waschen, in kleine Röllchen schneiden und in die Suppe rühren. Die Kohlrabiblättchen abspülen, fein schneiden, über die Hirsesuppe streuen und sofort servieren.

Für 4 Portionen
- 80 g Hirse
- 40 g Butter
- 2 Gemüsebrühwürfel
- Salz
- Currypulver
- 1 Kohlrabi
- 1 Karotte
- 50 g Erbsen (frisch oder tiefgefroren)
- 50 g Sahne
- 1 Bund Schnittlauch

■ *Zeit: 45 Minuten*

Gemüsebrühe mit Nussklößchen

1 Die Haselnüsse in einer ungefetteten Pfanne leicht rösten und fein reiben.
2 Den Maisgrieß ebenfalls in der Pfanne ohne Fett rösten. Pfanne vom Herd nehmen. Gewürze hinzufügen. Die Butter in Flöckchen zum Grieß geben und zerlaufen lassen. Alles lauwarm abkühlen lassen.
3 Die Eier unter die Masse rühren und den Teig etwa 10 Minuten quellen lassen. Die Nüsse untermischen.
4 Aus dem Teig mit nassen Händen haselnussgroße Kugeln formen. Die Teigkugeln in schwach kochende Gemüsebrühe legen und etwa 5 Minuten darin gar ziehen lassen.

Für 4 Portionen
- 40 g Haselnusskerne
- 50 g grober Maisgrieß
- 1 Messerspitze Salz
- 1 Messerspitze Paprikapulver, edelsüß
- 30 g Butter
- 2 Eier
- 1 l Gemüsebrühe

■ *Zeit: 40 Minuten*

Salate

Für eine gesunde und phantasievolle Ernährung bieten sich Salate an – sie sollten deshalb zum festen Bestandteil eines jeden Speiseplans werden. Hier bieten wir Ihnen einige Vorschläge zu Salaten mit Hülsenfrüchten an.

Linsensalat mit Tomaten

Für 4 Portionen
- 150 g Linsen
- ⅜ l Gemüsebrühe
- einige Thymianzweige
- 2 EL Kräuteressig
- 1 EL Hasel- oder Walnussöl
- 1 rote Zwiebel
- 1 Knoblauchzehe
- 400 g Tomaten
- Salz, Pfeffer

■ Zeit: 1 Stunde

1 Linsen mit der Brühe und einem Teil des Thymians aufkochen. Zugedeckt bei schwacher Hitze in etwa 40 Minuten weich garen. In eine Schüssel geben, Essig und 1 Esslöffel Öl darunter mischen, lauwarm abkühlen lassen.

2 Zwiebel und Knoblauch schälen und würfeln. Tomaten waschen und würfeln, die Stielansätze dabei entfernen. Linsen, Zwiebel, Knoblauch und Tomaten mischen.

3 Mit Salz und Pfeffer abschmecken, mit den restlichen Thymianblättchen bestreuen und servieren.

Kichererbsensalat mit Auberginen

Für 4 Portionen
- 1 Aubergine
- 1 Knoblauchzehe
- abgeriebene Zitronenschale
- 1 EL Zitronensaft
- 1 TL Oregano
- 4 EL Olivenöl
- 1 kleine Salatgurke
- 3 Frühlingszwiebeln
- 2 Tomaten
- 1 Bund Dill
- 1 Dose Kichererbsen (400 g)
- 2–3 EL Obstessig
- Salz

■ Zeit: 30 Minuten

1 Aubergine waschen, putzen und in dünne Scheiben schneiden. Knoblauch schälen und fein hacken. Mit Zitronenschale, Zitronensaft, Oregano und 1 Esslöffel Öl vermischen und über die Auberginen geben. Zugedeckt ziehen lassen, bis die anderen Zutaten vorbereitet sind.

2 Die Gurke schälen und würfeln, die Frühlingszwiebeln putzen, waschen und in gleich große Ringe schneiden. Die Tomaten waschen, die Stielansätze entfernen und in Spalten schneiden. Dill waschen, Spitzen abzupfen und hacken. Alle diese Zutaten mit den abgetropften Kichererbsen in eine Schüssel geben.

3 Restliches Öl erhitzen. Auberginen darin bei schwacher Hitze unter ständigem Wenden etwa 10 Minuten braten. Etwas abkühlen lassen und zu den Salatzutaten in die Schüssel geben. Essig und Salz zufügen, alles vorsichtig mischen.

Nahrhafte Salate mit Hülsenfrüchten

Mais-Bohnen-Salat

1 Die getrockneten Bohnen in etwa 2 Liter kaltem Wasser über Nacht einweichen.

2 Buchweizen verlesen und etwa 30 Minuten in kaltem Wasser einweichen. Rote Bohnen mit dem Einweichwasser zugedeckt bei schwacher Hitze in etwa 1½ Stunden weich kochen.

3 Die grünen Bohnen putzen, falls nötig von Fäden befreien und in 3 Zentimeter lange Stücke brechen oder schneiden, etwa 15 Minuten in kochendem Salzwasser garen. Abschütten, gut abtropfen lassen und in eine Schüssel geben.

4 Buchweizen in ein Sieb abgießen, gut abtropfen und trocknen lassen. Die Pilze putzen und in ½ Zentimeter dicke Scheiben schneiden. In einer Pfanne das Öl erhitzen. Pilze darin 2 bis 3 Minuten anbraten. Zu den grünen Bohnen geben.

5 Den Buchweizen in einer ungefetteten Pfanne unter Rühren etwa 5 Minuten rösten. Zu den Pilzen und Bohnen geben. Für die Marinade Essig, Senf, je 1 Prise Salz und Pfeffer sowie das Öl in einer Tasse verrühren. Über die Salatzutaten gießen.

6 Die Paprikaschote oder Tomaten waschen, putzen, in Streifen schneiden und unter den Salat mischen.

7 Frühlingszwiebeln waschen, putzen, in feine Ringe schneiden und mit in die Salatschüssel geben. Nach Belieben die Oliven vom Kern schneiden und darunter mischen.

8 Die roten Bohnenkerne in ein Sieb abgießen. Das Sieb mitsamt den Bohnen kurz in eine Schüssel mit kaltem Wasser tauchen, um sie abzukühlen. Unter den Salat mischen und abschmecken.

Für 4 Portionen

- 160 g getrocknete rote Bohnenkerne oder 1 Dose rote Bohnen (400 g)
- 200 g Buchweizen
- ¼ l Wasser
- 200 g Maiskörner
- 300 g grüne Bohnen
- 250 g Egerlinge
- 2 EL Öl
- 1 rote Paprikaschote oder Fleischtomate
- 1 Bund Frühlingszwiebeln
- 10 schwarze Oliven, nach Wahl

Marinade

- 2–3 EL Balsamessig oder Rotweinessig
- 2 EL Senf
- Salz, Pfeffer
- 2–3 EL Sonnenblumenöl

■ *Zeit: 1 Stunde und 30 Minuten (ohne Einweichzeit)*

Für die Variante

- 400 g frische Ananas
- 2 Orangen
- 2 Dosen rote Bohnen (à 400 g)
- 3 EL Mostessig
- Salz, Pfeffer
- 3 EL Maiskeimöl
- 75 g Walnusskerne
- 1 großes Bund Schnittlauch

■ *Zeit: 20 Minuten*

Variante Roter Bohnensalat mit Obst: 1. Die Ananas schälen und würfeln. Die Orangen schälen, filetieren und ebenfalls in Stücke schneiden, den Saft dabei auffangen. 2. Dann die abgetropften Bohnen mit dem Obst mischen. Den aufgefangenen Saft mit Essig, Salz, Pfeffer und Öl zu einer Sauce vermengen und dem Salat untermischen. 3. Die Walnüsse grob, den Schnittlauch fein hacken. Den Salat damit bestreuen.

Kleine Zwischenmahlzeiten

Oft hört man, die sinnvollste Art sich zu ernähren sei, viele kleine Mahlzeiten zu sich zu nehmen. Hier finden Sie einige Vorschläge für kleinere Gerichte, die für den kleinen Appetit oder den Hunger zwischendurch geeignet sind. Sie können sie auch als Vorspeise reichen oder als Zwischengericht in eine Menüfolge einfügen.

Frühlings-Reis-Rollen

Für 8 Stück

Für die Füllung
- 50 g Langkorn-Naturreis
- 200 g Frühlingszwiebeln
- 200 g Champignons
- 4 EL Sesamöl
- 1 EL Sojasauce
- 1 Messerspitze Pfeffer
- je 2 EL gehackter Liebstöckel und gehackte Kresse

Für den Teig
- 100 g Naturreis, fein gemahlen
- 1 Messerspitze Salz
- 4 Eier
- 8 TL ungeschälte Sesamsamen
- 4 EL Öl zum Braten

■ *1 Stunde und 45 Minuten*

1 Reis in ¼ Liter Wasser einmal aufkochen, vom Herd nehmen und zugedeckt 1 Stunde quellen lassen. Dann den Reis im Quellwasser in etwa 20 Minuten zugedeckt bei schwacher Hitze garen.

2 Für den Teig das Reismehl mit ⅜ Liter Wasser und Salz verrühren und zugedeckt quellen lassen.

3 Für die Füllung die Frühlingszwiebeln putzen und in dünne Ringe schneiden. Pilze waschen, putzen und blättrig schneiden.

4 Sesamöl in einer Pfanne erhitzen. Zwiebeln und Pilze dazugeben und alles unter Rühren etwa 5 Minuten dünsten, bis die Zwiebeln glasig und die Pilze gar sind.

5 Inzwischen den Reis abtropfen lassen. Reis und Sojasauce in die Pfanne geben. Alles nochmals 1 Minute lang unter Rühren braten lassen. Pfanne vom Herd nehmen. Pfeffer und Kräuter unter die Füllung mischen.

6 Die Eier aufschlagen und gründlich unter das Reismehl rühren. Etwa ½ Esslöffel Öl in einer Pfanne erhitzen, 1 Teelöffel Sesamsamen hineinstreuen, 1 Portion Teig darauf gießen, mit einer kreisenden Bewegung verlaufen lassen und wenden, wenn die Unterseite goldbraun gebraten ist.

7 Auf diese Weise aus dem Teig nacheinander 8 dünne Pfannkuchen braten. Füllung gleichmäßig auf die Pfannkuchen verteilen und aufrollen. Dazu Sojasauce zum Dippen oder eine pikante kalte Tomatensauce reichen.

Asiatische Zwischengerichte

Die Zubereitung der Frühlings-Reis-Rollen ist zwar etwas zeitaufwendig, dafür ein besonderer Genuss für Zwischendurch.

Rotes Linsengemüse

1 Linsen mit 400 Milliliter Wasser und Kurkuma aufkochen, zugedeckt bei schwacher Hitze etwa 20 Minuten ziehen lassen.
2 Inzwischen Zwiebel, Knoblauch und Ingwer schälen und fein hacken.
3 Das Öl in einer großen Pfanne erhitzen. Zwiebel, Knoblauch und Ingwer darin bei schwacher Hitze unter Rühren etwa 3 Minuten andünsten. Linsen, Brühe, Sherry, Essig und Sojasauce zugeben. Mit Salz, Pfeffer, Kreuzkümmel und Chilipulver würzen und unter häufigem Rühren kochen, bis die Flüssigkeit fast verdampft ist. Die Pfanne vom Herd nehmen und das Joghurt untermischen.

Tip Das Linsengemüse eignet sich als Vorspeise, dann z. B. mit Chapatis aus dem Asienladen servieren, oder als Beilage zu Geflügel.

Für 4 Portionen

- 200 g rote Linsen
- 1 TL Kurkuma (Gelbwurz), gemahlen
- 1 Gemüsezwiebel
- 2 Knoblauchzehen
- 3 cm frische Ingwerwurzel
- 2 EL Öl
- ¼ l Geflügel- oder Gemüsebrühe
- 2 EL trockener Sherry
- 2 EL Sherryessig
- 2 EL Sojasauce
- Salz, Pfeffer
- 1 Messerspitze Kreuzkümmel, gemahlen
- 1 Messerspitze Chilipulver
- 100 g Joghurt

■ *Zeit: 40 Minuten*

Rezepte

Bohnensülze mit Sherrydressing

Für 6 – 8 Portionen

Für die Sülze
- je 100 g weiße, braune, schwarze und rote Bohnen
- 1 Zwiebel
- 3 EL Himbeeressig
- Salz, Pfeffer
- 500 g große Spinatblätter
- ¾ l Gemüsebrühe
- 10 Blatt weiße Gelatine

Für das Dressing
- frische Ingwerwurzel, ca. 2 cm
- 1 Knoblauchzehe
- 2 Stengel Petersilie
- 2 EL Sherry- oder Rotweinessig
- Salz, Pfeffer
- 1 Prise Pimentpulver
- 2 cl Sojasauce
- 4 cl Medium dry Sherry
- 6 EL Sesamöl

■ *Zeit: 2 Stunden*

1 Für die Sülze die Bohnen mit 1 Liter Wasser bedecken und über Nacht zugedeckt einweichen. Mit dem Wasser aufkochen und zugedeckt bei schwacher Hitze etwa 1 ½ Stunden kochen, bis die Bohnen weich sind.

2 Zwiebel schälen und fein würfeln. Bohnen abgießen und in eine Schüssel geben. Mit Essig, Salz, Pfeffer und den Zwiebelwürfeln vermischen. 1 Stunde ziehen lassen.

3 Spinatblätter waschen und blanchieren. Mit einem Schaumlöffel herausnehmen, in eine Schüssel mit sehr kaltem Wasser tauchen und auf einem Küchentuch trocknen lassen. Terrinenform von 1 ½ Liter Fassungsvermögen mit ⅔ der Spinatblätter auslegen. Die Bohnen abtropfen lassen und in die Form geben.

4 Gelatine einweichen. 100 Milliliter Brühe erhitzen. Gelatine ausdrücken und darin auflösen. Restliche Brühe untermischen und abkühlen lassen, bis die Flüssigkeit zu gelieren beginnt. Über die Bohnen gießen. Mit den restlichen Spinatblättern bedecken. Etwa 4 Stunden kalt stellen, bis die Sülze schnittfest ist.

5 Für das Dressing Ingwer und Knoblauch schälen und fein hacken. Die Petersilie waschen, gut abtropfen und die Blättchen fein hacken. Essig mit Salz, Pfeffer, Piment, Sojasauce und Sherry verrühren. Sesamöl unterrühren. Zum Schluss Ingwer, Knoblauch und Petersilie zugeben.

6 Die Form kurz in heißes Wasser tauchen und die Sülze auf eine Platte stürzen. Sülze wie eine Torte aufschneiden, mit dem Dressing beträufeln.

Info Bohnen sind eine wahre Schatztruhe an wichtigen Stoffen für den Körper. Sie haben einen hohen Eiweißgehalt und sind reich an verdauungsfördernden Ballaststoffen. Mit 100 Gramm Bohnen ist Ihr Tagesbedarf an den Spurenelementen Mangan und Selen gedeckt. Sie unterstützen den Körper bei der Entgiftung über den Darm und stärken damit die körpereigenen Abwehrkräfte.

Kalt Serviertes und Gefülltes

Zucchini mit Buchweizenfüllung

Für 4 Portionen

- 200 g Buchweizen
- 1 l Gemüsebrühe
- 1 Prise Muskatnuss, gerieben
- ½ TL Currypulver
- 1 Knoblauchzehe
- 2 mittelgroße Zucchini
- 1 Bund Schnittlauch
- 1 TL getrockneter Thymian
- 100 g Crème fraîche
- Salz, Pfeffer
- 4 Tomaten
- 2 große Scheiben Käse
- Butter für die Form

■ *Zeit: 1 Stunde*

1 Buchweizen mit Brühe, Muskat und Curry in einen Topf geben. Knoblauch schälen, fein hacken und dazugeben. Den Topf schließen und alles einmal aufkochen lassen. Dann den Buchweizen bei schwacher Hitze unter gelegentlichem Umrühren in etwa 15 bis 20 Minuten ausquellen lassen.

2 Inzwischen die Zucchini waschen, putzen und längs durchschneiden. Die Hälften mit einem scharfkantigen Löffel aushöhlen. Fruchtfleisch klein schneiden, 5 Minuten vor Ende der Garzeit in die Buchweizenmasse rühren und mitgaren.

3 In einer großen Pfanne etwa 150 Milliliter Wasser zum Kochen bringen. Die Zucchinihälften darin mit der Öffnung nach oben in 7 bis 8 Minuten knapp bissfest dünsten. Eine flache Auflaufform fetten. Die vorgegarten Zucchinihälften hineinlegen.

4 Den Buchweizen vom Herd nehmen. Den Schnittlauch fein schneiden. Die Hälfte davon sowie ½ Teelöffel Thymian und die Crème fraîche unter den Buchweizen rühren. Mit Salz und Pfeffer abschmecken. Den Backofen auf 200 °C vorheizen. Die Buchweizenmasse in die Zucchinischiffchen füllen; diese dann 15 bis 20 Minuten vorbacken.

5 Die Tomaten waschen, die Stielansätze entfernen und die Frucht in Scheiben schneiden. Den Käse in Streifen schneiden. Die Tomatenscheiben auf die Zucchini legen, die Käsestreifen darauf verteilen und die Zucchini weitere 5 Minuten überbacken, bis der Käse geschmolzen ist. Vor dem Servieren mit den restlichen Kräutern bestreuen.

Tip Die Füllung schmeckt genauso gut in Paprikaschoten oder Auberginen.

Info Die Schale der Zucchini enthält reichlich Karotene und viel Magnesium, das bei diesem Gemüse nicht verloren geht, da sie im Allgemeinen mitgegessen wird. Für die Zubereitung heißt das, das Gemüse gründlich waschen.

Rezepte

Für 4 Portionen
- 50 g Maisgrieß
- Salz, Pfeffer
- 50 g körniger Frischkäse
- 1 Prise Cayennepfeffer
- 8 Zwetschgen (ca. 200 g)
- 50 g Gorgonzola
- 2 Eiweiße
- 2 EL Öl zum Braten

■ *Zeit: 30 Minuten*

Maisplätzchen mit Zwetschgen

1 Maisgrieß in ⅛ Liter kochendes Salzwasser einrühren und aufkochen lassen, dann zugedeckt mindestens 10 Minuten quellen lassen.

2 Frischkäse mit etwas Pfeffer und Cayennepfeffer verrühren. Die Zwetschgen waschen, entsteinen und halbieren. Den Gorgonzola in 4 gleich große Scheiben schneiden.

3 Die beiden Eiweiße gründlich unter den etwas abgekühlten Maisbrei rühren. Das Öl in einer Pfanne erhitzen. Aus der Maisgrießmasse mit einem Löffel 4 flache Plätzchen in der Pfanne formen. Bei schwacher Hitze etwa 5 Minuten braten. Dann wenden.

4 Den Frischkäse auf den Maisplätzchen verteilen. Die Zwetschgen mit der Schnittfläche nach unten darauf geben und mit Gorgonzolascheiben belegen. Zugedeckt kurze Zeit weiterbraten, bis der Käse zerlaufen ist.

5 Bis zum Servieren in der zugedeckten Pfanne ruhen lassen. Dazu einen Blatt- oder Gurkensalat reichen.

Schmorgurken mit Nussfüllung

1 Gurken waschen, der Länge nach halbieren und aushöhlen. Tomaten häuten und würfeln. Die Nüsse grob hacken, Petersilie fein hacken.

2 Öl in einem Topf erhitzen, etwa ⅔ der Tomatenwürfel hineingeben. Gurkenfruchtfleisch, restliche Tomaten, Nüsse, Käse und Petersilie mischen, mit Salz und Pfeffer abschmecken.

3 Die Gurken mit der Masse füllen, in den Topf auf die Tomaten setzen und etwa 30 Minuten im geschlossenen Topf schmoren.

Tip Tomaten häuten Sie am besten, indem Sie die Haut auf der Unterseite kreuzweise einschneiden, sie in reichlich kochendes Wasser geben und 1 Minute blanchieren. Anschließend müssen Sie sie gründlich mit kaltem Wasser abschrecken. Die Haut lässt sich dann mühelos abziehen.

Für 4 Personen
- 4 Schmorgurken
- 750 g Fleischtomaten
- 50 g Haselnüsse
- 1 Bund Petersilie
- 2 EL Öl
- 75 g geriebener Emmentaler
- Salz, Pfeffer

■ *Zeit: 45 Minuten*

Aus dem Backofen

Aufläufe, Gratins, Soufflés – Überbackenes und Gebackenes aus dem Backofen erfreut sich einer großen Beliebtheit. Auch wenn einige der folgenden Rezepte Ihnen etwas aufwändig erscheinen, bleibt Ihnen, ist Ihr Auflauf erst einmal in den Backofen geschoben, genügend Zeit, sich mit anderen Dingen zu beschäftigen.

Buchweizen-Gemüse-Auflauf

1 Buchweizen in einer ungefetteten Pfanne rösten. Gemüsebrühe aufkochen. Buchweizen darin etwa 15 bis 20 Minuten bei schwacher Hitze kochen. Auf einem Sieb abtropfen lassen, die Flüssigkeit auffangen und für die Sauce beiseite stellen.

2 Die heißen Körner zurück in den Topf schütten, den Frischkäse und den gewürfelten Gorgonzola zufügen. Die Körner zugedeckt 2 bis 3 Minuten stehen lassen, bis der Käse geschmolzen ist. Dann alles gut miteinander vermischen.

3 Wirsing in ½ Zentimeter breite Streifen schneiden. Die Karotten waschen, putzen und in feine Streifen schneiden. Den Brokkoli in kleine Röschen zerteilen.

4 Die Wirsingstreifen etwa 5 Minuten in sprudelnd kochendem Salzwasser blanchieren, nach 2 Minuten Brokkoli und Karotten zugeben. Das Gemüse in ein Sieb schütten und abtropfen lassen.

5 Eine Auflaufform fetten. In einer großen Pfanne die Butter zerlaufen lassen. Das Gemüse darin kurz bei schwacher Hitze durchschwenken. Gemüse in der Form verteilen.

6 Backofen auf 220 °C vorheizen. Die Pistazien unter die Buchweizenmasse mischen, mit weißem Pfeffer und etwas Salz abschmecken. Die Eier trennen. Eigelbe unter den Buchweizen mischen; die Eiweiße steif schlagen und unterheben. Die Masse auf das Gemüse streichen. Etwa 40 Minuten im Backofen goldbraun backen. Dazu schmeckt eine Béchamel- oder Kapernsauce.

Für 4 Portionen

- 120 g Buchweizenkörner
- ¾ l Gemüsebrühe
- 200 g Doppelrahm-Frischkäse
- 100 g Gorgonzola
- 500 g Wirsing
- 100 g Karotten
- 200 g Brokkoli
- 50 g Butter
- 60 g Pistazienkerne
- weißer Pfeffer, Salz
- 2 Eier
- Fett für die Form

■ *Zeit: 1 Stunde und 30 Minuten*

Rezepte

Die gefüllte Kartoffelrolle kann statt mit Hackfleisch auch vegetarisch, z. B. mit Tofu, zubereitet werden.

Buchweizen-Kapern-Sauce

Für 4 Portionen

- 1–2 EL Buchweizenmehl
- ca. ¼ l Buchweizenbrühe oder Gemüsebrühe
- 50 g Doppelrahm-Frischkäse
- 1 EL Kapern
- Saft von ½ Zitrone
- 1 Messerspitze Pfeffer
- 100 g Sahne
- 1 EL Schnittlauch in Röllchen

■ *Zeit: 15 Minuten*

1 Das Buchweizenmehl in die Brühe rühren. Alles unter Rühren etwa 2 Minuten kochen lassen.

2 Den Topf vom Herd nehmen, den Frischkäse löffelweise dazu geben. Den Topf zugedeckt 2 bis 3 Minuten stehen lassen. Sauce umrühren, bis der Käse völlig geschmolzen ist.

3 Die Kapern grob hacken. Die Sauce mit Zitronensaft, Pfeffer und Kapern abschmecken. Warm stellen.

4 Dann die Sahne steif schlagen. Vorsichtig unter die Sauce ziehen und den Schnittlauch darunter mischen. Die Sauce zum Buchweizenauflauf servieren.

Variante Sie können mit der Brühe auch eine Béchamelsauce herstellen. Zwiebelwürfel in Butter dünsten, mit Mehl bestäuben, erkaltet in kochende Milch und Brühe einrühren.

Gefüllte Kartoffelrollen

1 Die Kartoffeln waschen, kochen und schälen. Noch heiß durch die Presse drücken und ausgebreitet etwas abkühlen lassen.
2 Für die Füllung das Hackfleisch mit den gewürfelten Zwiebeln, den beiden Eiweißen und den Gewürzen vermischen und abschmecken.
3 Die Kartoffeln mit Stärke, Eigelb, Salz, Pfeffer und Muskat zu einem festen Teig verkneten. Kartoffelteig zu einer Rolle formen, 8 gleich große Stücke davon abschneiden. Diese jeweils auf einer mit Stärke bestreuten Arbeitsfläche zu etwa ½ Zentimeter dicken Rechtecken ausrollen.
4 Die Fleischmasse gleichmäßig darauf verteilen und glatt verstreichen. Die Teigstücke wie Rouladen zusammenrollen und in eine gefettete Form setzen, mit etwas Fett bestreichen und im vorgeheizten Ofen bei 200 °C etwa 30 bis 40 Minuten backen. Zwischendurch immer wieder mit Fett bestreichen.

Tip Anstelle der Fleischfüllung gewürztes Gemüse, das nicht viel Flüssigkeit enthalten darf, verwenden.

Für 4 Personen

Für den Teig
- 800 g Kartoffeln
- 100 g Kartoffelstärke
- 2 Eigelbe
- Salz, Pfeffer
- Muskatnuss
- Butter zum Bestreichen
- Kartoffelstärke zum Ausrollen

Für die Füllung
- 400 g Hackfleisch
- 1 Zwiebel
- 2 Eiweiße
- Salz, Cayennepfeffer
- Thymian
- 1 TL Senf

■ *Zeit: 1 Stunde und 30 Minuten*

Hirseflocken-Quark-Auflauf

1 Die Eier trennen. Den Quark mit der Sahne cremig rühren. Die Eigelbe, Hirseflocken, Honig, grob gehackte Haselnüsse und die abgeriebene Zitronenschale hinzufügen und zu einer gleichmäßigen Masse vermischen.
2 Den Rum mäßig erhitzen, die Rosinen darin quellen lassen.
3 Die Äpfel schälen, vierteln und das Kerngehäuse entfernen. Danach in kleine Stücke schneiden und zur Quarkmasse geben.
4 Die Eiweiße steif schlagen.
5 Die Rosinen und den Eischnee unter die Quarkmasse heben.
6 Eine ofenfeste Auflaufform gründlich einfetten. Die Quarkmasse hineingeben und etwa 50 bis 60 Minuten im auf 200 °C vorgeheizten Backofen backen lassen.

Für 4 Personen
- 4 Eier
- 300 g Magerquark
- 4 EL Sahne
- 4 EL Hirseflocken
- 3 EL Honig
- 2 EL Haselnüsse
- abgeriebene Schale von ½ unbehandelten Zitrone
- 1 EL Rum
- 2 EL Rosinen
- 3–4 Äpfel

■ *Zeit: 1 Stunde und 15 Minuten*

Rezepte

Hirsegratin mit Tomaten und Nüssen

Für 4 Portionen

- 200 g Hirse
- ½ l Gemüsebrühe
- ½ TL Salz
- ½ TL Curry
- 100 g gemahlene Mandeln oder Haselnusskerne
- je ½ TL Fenchel- und Koriandersamen, im Mörser zerstoßen
- ½ Bund Petersilie
- 100 g Quark
- 75 g Crème fraîche
- 800 g Tomaten
- 50 g Käse (z. B. Emmentaler), frisch gerieben
- 20 g Butter
- Butter für die Form

■ *Zeit: 1 Stunde*

1 Die Hirse in einem Sieb heiß abspülen und mit der Brühe in einen Topf geben. Salz und Curry zufügen und die Hirse etwa 20 Minuten bei ganz schwacher Hitze ausquellen lassen.
2 Mandeln oder Haselnüsse, zerstoßene Fenchel- und Koriandersamen zur Hirse geben. Die Petersilie waschen und fein hacken. Den Quark, die Crème fraîche und ⅔ der Petersilie danach ebenfalls unter die Hirse rühren. Abschmecken.
3 Tomaten waschen, die Stielansätze entfernen und in ½ Zentimeter dicke Scheiben schneiden. Den Backofen auf 200 °C vorheizen. Eine ofenfeste Auflaufform fetten.
4 Hirsemasse, Tomatenscheiben und Käse abwechselnd in die Form schichten. Mit einer Hirseschicht und etwas Käse abschließen. Die Butter in Flöckchen darauf setzen. Etwa 30 Minuten im Ofen backen, bis die Oberfläche leicht gebräunt ist. Mit Petersilie bestreut servieren.

Tip Statt Hirse können Sie auch jeweils 200 Gramm Amaranth oder Quinoa nehmen. Amaranth in 600 Milliliter Gemüsebrühe quellen lassen, Quinoa in nur 400 Milliliter.

Hirsesoufflé

Für 4 Personen

- 200 g Hirse
- 400 ml Gemüsebrühe
- 4 Eier
- 100 g geriebener Gouda
- 1 Bund Petersilie
- 20 g Butter

■ *Zeit: 1 Stunde und 15 Minuten*

1 Die Hirse in die kochend heiße Brühe geben und 20 Minuten bei schwacher Hitze ausquellen lassen.
2 Die Petersilie waschen und klein hacken. Die Eier trennen. Die Eigelbe unter die abgekühlte Hirse rühren, geriebenen Gouda und Petersilie darunter mischen.
3 Den Backofen auf 200 °C vorheizen. Eiweiße zu steifem Schnee schlagen und vorsichtig unter den Hirseteig heben.
4 Die Hirsemasse in eine gefettete Auflaufform füllen und vermischen, die Butter in Flöckchen darüber streuen und den Auflauf 40 Minuten im Ofen backen.

Lockere, fruchtige und nahrhafte Aufläufe

Maisauflauf mit Tomaten

1 Gemüsebrühe, Kräuter und 2 Esslöffel Öl in einem hohen Topf zum Kochen bringen. Den Maisgrieß einrühren. Die Hitze reduzieren und den Mais unter gelegentlichem Rühren bei schwacher Hitze in etwa 20 Minuten zu einem festen Brei ausquellen lassen.

2 Inzwischen die Tomaten waschen, den Stielansatz entfernen und in Scheiben schneiden. Spinat oder Mangold waschen, putzen und abtropfen lassen. Die Zwiebel würfeln und den Knoblauch schälen und fein hacken.

3 Das restliche Öl in einer großen Pfanne erhitzen. Zwiebel und Knoblauch darin glasig andünsten. Spinat oder Mangold dazugeben und zugedeckt etwa 5 Minuten bissfest dünsten. Die Pfanne beiseite stellen.

4 Den Maisbrei mit Butter, Salz und Pfeffer abschmecken.

5 Crème fraîche unter das Gemüse rühren. Mit Salz, Pfeffer und frisch geriebener Muskatnuss abschmecken. Den Backofen auf 200 °C vorheizen.

6 Eine Quicheform oder ein Blech fetten, dann den noch warmen Maisbrei mit einem nassen Löffel oder Teigschaber aufstreichen.

7 Spinat oder Mangold darauf geben und mit der Hälfte des Käses bestreuen. Dann die Maiskörner und Tomaten darauf verteilen. Das Fruchtfleisch der Oliven vom Kern schneiden und zwischen den Tomaten verteilen. Oregano, Gomasio und den restlichen Käse darüber streuen. Etwa 20 bis 25 Minuten im Ofen backen, bis der Käse geschmolzen ist.

Für 4–6 Portionen

- 1 l Gemüsebrühe
- 1 TL getrockneter Oregano und/oder Thymian
- 4 EL Olivenöl
- 250 g Maisgrieß
- 500 g Tomaten
- 500 g Spinat oder Mangoldblätter
- 1 Zwiebel
- 1–2 Knoblauchzehen
- 40 g Butter
- Salz, Pfeffer
- 100 g Crème fraîche
- Muskatnuss
- 100–150 g geriebener Emmentaler oder Gouda
- 150 g Maiskörner
- 6–8 schwarze Oliven
- 1 Prise getrockneter Oregano
- 2 EL Gomasio
- Fett für die Form

■ *Zeit: 1 Stunde*

Info Für das Rezept können Sie Spinat oder Mangold verwenden. Auch wenn Sie gesundheitliche Aspekte dabei mit in Betracht ziehen wollen, haben Sie freie Wahl. Neben einer beträchtlichen Anzahl an Mineralstoffen und Spurenelementen ist bei Spinat der hohe Gehalt an Vitamin C und Beta-Karotin hervorzuheben. Auch die Vitamine B1, B2, B6 und E sind enthalten. Mangold weist einen ähnlich hohen Gehalt an Vitamin C und Beta-Karotin wie Spinat auf.

Rezepte

Quinoaauflauf

Für 4 Personen

- 1 Knoblauchzehe
- 1 Stange Lauch
- 150 g Kräutertofu
- 1 EL Sesamöl
- 200 g Quinoa
- Salz, Pfeffer
- 150 g Maisgrieß
- ½ l Milch oder Gemüsebrühe
- 80 g geriebener Käse
- Fett für die Form

■ *Zeit: 45 Minuten*

1 Knoblauch schälen und hacken. Lauch putzen und in dünne Streifen schneiden. Tofu würfeln. Öl in einer großen Pfanne erhitzen. Knoblauch und Lauch dazugeben und kurz darin dünsten.
2 Tofu und Quinoa in die Pfanne geben, 2 Minuten mitbraten, salzen und pfeffern.
3 Eine hohe feuerfeste Form fetten und den Boden gleichmäßig mit dem Maisgrieß bedecken. Die Quinoamasse darauf verteilen. Dann die Milch darüber gießen. Den Backofen auf 180 °C vorheizen.
4 Den Auflauf mit dem Käse bestreuen, die Form zudecken und für etwa 20 Minuten backen lassen. Die Form aufdecken und den Auflauf noch so lange weiterbacken, bis der Käse gebräunt ist.

Überbackenes Bohnenpüree

Für 4 Personen

- 200 g rote Bohnenkerne
- 1 Knoblauchzehe
- 1 TL getrocknetes Bohnenkraut
- 1 Bund Suppengrün
- 1 Zwiebel
- 1 Bund Petersilie
- 50 g Walnuss- oder Haselnusskerne
- 2 Eier
- Salz, Cayennepfeffer
- 100 g Sahne
- Butter für die Form

■ *Zeit: 2 Stunden und 30 Minuten*

1 Bohnen in einen Topf geben, mit ½ Liter Wasser bedecken und zugedeckt etwa 8 Stunden quellen lassen. Dann den Knoblauch schälen und mit dem Bohnenkraut zu den Bohnen geben, aufkochen und zugedeckt bei schwacher Hitze etwa 1 ½ Stunden kochen.
2 Bohnen etwas abkühlen lassen. Suppengrün putzen, waschen und grob zerkleinern. Die Zwiebel vierteln und die Petersilie waschen.
3 Die Bohnen mit dem verbliebenen Kochwasser, dem Suppengrün, der Zwiebel, der Petersilie und den Nüssen portionsweise pürieren.
4 Die Eier trennen. Die Eigelbe mit Salz und Cayennepfeffer unter das Bohnenpüree mischen. Eiweiße und Sahne getrennt steif schlagen. Abwechselnd jeweils die Hälfte davon mit einem Löffel unter das Püree rühren. Den Backofen auf 180 °C vorheizen.
5 Das Püree in eine gefettete ofenfeste Form mit hohem Rand füllen. Die Form auf die untere Schiene in den Ofen stellen, etwa 30 Minuten backen, bis die Oberfläche schön gebräunt ist.

Hirsebratlinge aus dem Ofen

1 Die Hirse mit der doppelten Menge Wasser, Lorbeerblatt, Piment und Salz zum Kochen bringen, bei schwacher Hitze etwa 20 Minuten ausquellen lassen. Dann abkühlen lassen. Lorbeerblatt und Pimentkorn entfernen.

2 Inzwischen Lauch und Karotte waschen, putzen und zerkleinern. Beides kurz in wenig Wasser dünsten. Ein Backblech fetten oder mit Backpapier auslegen. Den Backofen auf 200 °C vorheizen.

3 Den Knoblauch schälen und fein hacken. Quark und Buchweizenmehl, Gemüse, Knoblauch und Kreuzkümmel unter die abgekühlte Hirse mischen. Mit öligen Händen Bratlinge formen und auf das Backblech legen. Im Backofen 20 Minuten backen, dann wenden und weitere 10 Minuten backen.

Für 4 Personen
- 160 g Hirse
- 1 Lorbeerblatt
- 1 Pimentkorn
- Salz
- 1 Stange Lauch
- 1 große Karotte
- 1 Knoblauchzehe
- 1 Messerspitze Kumin (Kreuzkümmel)
- 150 g Magerquark
- 50 g Buchweizenmehl
- Öl für das Blech und zum Formen

■ *Zeit: 1 Stunde*

Hirse-Käse-Auflauf

1 Die Hirse mit ¾ Liter Wasser und Salz aufkochen und 25 Minuten bei ganz schwacher Hitze ausquellen lassen.

2 Die Butter auf die noch heiße, ausgequollene Hirse geben, 2 bis 3 Minuten schmelzen lassen und alles mit Basilikum, Pfeffer, Sahne und dem geriebenen Käse mischen.

3 Sobald die Hirse etwas abgekühlt ist, die Eier mit einem Schneebesen schlagen und unter die Masse rühren.

4 Die Hirsemasse in eine gefettete Auflaufform füllen, Gemüse, glutenfreie Semmelbrösel und Butterflöckchen darauf geben und im Backofen überbacken.

Info Hirse ist eine besonders mineralstoffreiche Getreideart. Im Gehalt an Magnesium, Eisen und Kupfer nimmt sie eine Spitzenstellung ein. Magnesium benötigt der Körper zum Aufbau von Knochen und Zähnen und ist wichtig bei der Informationsübertragung von den Nerven zur Muskulatur. Eisen spielt eine große Rolle beim Sauerstofftransport im Körper.

Für 4 Personen
- 300 g Hirse
- ½ TL Salz
- 50 g Butter
- 1 EL Basilikum, fein geschnitten
- 1 Messerspitze Pfeffer
- 100 g Sahne
- 200 g geriebener Käse
- 2 Eier
- 50 g glutenfreie Semmelbrösel

■ *Zeit: 1 Stunde*

Rezepte

Pfannkuchen, Crêpes und Bratlinge

Die Vielzahl der Verwendungsmöglichkeiten, die Pfannkuchen und Crêpes bieten, hilft Ihnen, Ihren Küchenfahrplan noch abwechslungsreicher zu gestalten. Hier finden Sie einige Anregungen für süße, pikante und gefüllte Pfannkuchen sowie Rezepte für Gemüsebratlinge.

Buchweizencrêpes

Für 4 Personen
- 300 g Buchweizenmehl
- 1 Prise Salz
- 4 Eier
- ½ l kohlensäurehaltiges Mineralwasser
- Öl zum Ausbacken

■ **Zeit: 30 Minuten (ohne Ruhezeit)**

1 Alle Zutaten in eine Schüssel geben und mit dem Schneebesen des Handrührgeräts zu einem zähflüssigen Teig verrühren. Den Teig 30 Minuten quellen lassen.

2 In einer Pfanne wenig Öl erhitzen. Den Teig portionsweise in die Pfanne geben und nacheinander ganz dünne Pfannkuchen (Crêpes) backen. Nach Belieben füllen.

Buchweizenpfannkuchen: Die fertigen Pfannkuchen werden mit der vorbereiteten Eiermasse im Ofen überbacken.

Pfannkuchen mit Mais- und Buchweizenmehl

Maispfannkuchen

1 Maismehl und Salz in eine Schüssel geben. Zuerst die Milch, dann nacheinander die Eier einzeln unterrühren. Den Teig zugedeckt 15 Minuten ruhen lassen.

2 In einer beschichteten Pfanne jeweils etwas Öl erhitzen und nacheinander 8 dünne Pfannkuchen darin ausbacken. Nach Belieben süß oder pikant füllen.

Für 4 Portionen

- 200 g Maismehl
- Salz
- 300 ml Milch
- 3 Eier
- Öl zum Ausbacken

■ *Zeit: 30 Minuten*

Buchweizenpfannkuchen

1 Aus Buchweizenmehl, Eiern, Mineralwasser und Salz einen Pfannkuchenteig zubereiten, diesen 30 Minuten ruhen lassen. Dann nacheinander die Pfannkuchen in wenig heißem Fett braten und warm stellen.

2 Für die Füllung die Eier trennen. Rosinen im Rum quellen lassen. Die Butter schaumig rühren. Ahornsirup, Vanillezucker, Eigelbe und Quark zufügen und zu einer glatten Masse verrühren.

3 Die Eiweiße steif schlagen. Die abgetropften Rosinen und die Zitronenschale unter die Quarkmasse mischen, Eischnee vorsichtig unterziehen. Den Backofen auf 200 °C vorheizen.

4 Die Pfannkuchen mit der Quarkmasse bestreichen, aufrollen und nebeneinander in eine gefettete ofenfeste Form schichten. Die Eier mit der Milch und dem Sirup verquirlen, über die Pfannkuchen gießen. Im Ofen etwa 30 bis 40 Minuten backen.

Für 4 Personen

Für den Teig

- 300 g Buchweizenmehl
- 3 Eier
- ½ l kohlensäurehaltiges Mineralwasser
- 1 Prise Salz

Für die Füllung

- 2 Eier
- 75 g ungeschwefelte Rosinen
- 2 EL Rum
- 50 g Butter
- 3 EL Ahornsirup
- ½ Päckchen Vanillezucker
- 500 g Magerquark
- Schale von ½ Zitrone

Außerdem

- 2 Eier
- ⅛ l Milch
- 1 EL Ahornsirup
- Fett zum Ausbacken

■ *Zeit: 1 Stunde und 30 Minuten*

Info Im Allgemeinen wird in Rezepten oft der Sammelbegriff »Rosinen« verwendet. Die gängigsten Sorten dieses Überbegriffs sind Korinthen und Sultaninen, die Sie beide verwenden können. Korinthen sind etwas kleiner, von braunschwarzer Farbe und schmecken süß-säuerlich. Sultaninen erkennen Sie an ihrer goldgelben Farbe und ihrem honigsüßen Geschmack. Beide Sorten werden zur Haltbarmachung oft geschwefelt. Achten Sie daher beim Einkauf auf die Kennzeichnung »nicht geschwefelt«.

Rezepte

Für 4 Personen

Für den Teig
- 60 g Hirsemehl
- 60 g Mais-, Reis- oder Buchweizenmehl
- etwa ¼ l Milch
- 3 Eier
- Salz
- 1 Prise Muskatnusspulver
- 1 Bund Petersilie

Für die Füllung
- 500 g Spargel
- 40 g Butter
- 40 g Reismehl
- 150–200 g Sahne
- Salz, Pfeffer
- 1 Prise Muskatnusspulver
- 100 g tiefgekühlte Erbsen
- Fett zum Ausbacken

- **Zeit: 1 Stunde**

Hirsepfannkuchen mit Spargel

1 Hirsemehl, die zweite Mehlsorte, Milch, Eier, etwas Salz und Muskatpulver verquirlen und quellen lassen.

2 Inzwischen für die Füllung den Spargel schälen, die holzigen Enden abschneiden. Die Spargelstangen in etwa 3 Zentimeter lange Stücke schneiden, die Köpfe beiseite legen.

3 In einem großen Topf die Butter erhitzen, dann das Reismehl hineinrühren. Unter Rühren ¼ Liter Wasser und die Sahne zugießen, bis eine glatte Sauce entsteht; mit 1 Prise Salz und Muskatpulver würzen.

4 Die Spargelstücke der Sauce zugeben und zugedeckt bei mittlerer Hitze etwa 15 Minuten garen. Dabei gelegentlich umrühren. Spargelköpfe und Erbsen zum Spargelgemüse geben und weitere 5 Minuten garen lassen. Das Gemüse beiseite stellen.

5 Inzwischen die Petersilie waschen, trockenschütteln und fein hacken. Die Hälfte davon in den Pfannkuchenteig rühren. Nacheinander 8 Pfannkuchen in einer Pfanne im heißen Öl backen und im Backofen warm halten.

6 Das Gemüse nochmal kurz erwärmen. Die restlichen Kräuter hineinstreuen und abschmecken. Die Pfannkuchen mit dem Spargelragout füllen und sofort servieren.

Variation Süße Hirsepfannkuchen lassen sich ebenso nach diesem Rezept herstellen: Gewürze und Kräuter weglassen und den Teig dafür mit Honig oder Ahornsirup süßen. Dazu einfach einen Obstsalat, ein Früchtepüree, eine Bananen-Zimt-Sauce oder heiße Kirschen mit Vanilleeis reichen.

Info Spargel ist nicht nur wegen seines guten Geschmacks so beliebt, sondern weil er durch seinen hohen Gehalt an Vitaminen der B-Gruppe geradezu erfrischend und belebend wirken kann. Thiamin, Riboflavin, Pyridoxin, Niazin und Folsäure, wichtig für die Blutbildung und die Hormonproduktion, finden sich in hoher Konzentration.

Schmarren süß und pikant

Kaiserschmarren mit Früchten

1 Die Rosinen in eine Tasse geben, mit etwas kochendem Wasser überbrühen und quellen lassen.
2 Die Eier trennen. Eiweiße mit Salz steif schlagen. In einer Schüssel die Eigelbe mit dem Honig, der Milch, dem Vanillezucker und dem Buchweizenmehl verrühren. 15 Minuten quellen lassen.
3 In der Zwischenzeit die Früchte waschen, trockentupfen und entsteinen bzw. die Bananen schälen. Die Früchte eventuell klein schneiden.
4 Eischnee zur Teigmasse geben und vorsichtig unterheben.
5 In einer großen Pfanne die Butter schmelzen lassen; dann den Teig hineingießen. Die eingeweichten Rosinen und die Hälfte der Früchte darauf verteilen. Den Pfannkuchen bei mittlerer Hitze 2 bis 3 Minuten backen, dabei mehrmals die Pfanne rütteln.
6 Pfannkuchen mit zwei Gabeln in Stücke zerreißen. Den Herd abschalten oder bei ganz schwacher Hitze den Kaiserschmarren zugedeckt 1 bis 2 Minuten auf der noch warmen Platte ziehen lassen. Anrichten und die restlichen frischen Früchte darüber streuen.

Für 4 Personen

- 2 EL Rosinen
- 3–4 Eier
- 1 Prise Salz
- 1 EL Honig
- ¼ l Milch
- 160 g Buchweizenmehl
- 1 Päckchen Vanillezucker
- 500 g Kirschen, Aprikosen, Pfirsiche oder Bananen
- 40 g Butter zum Backen

■ *Zeit: 40 Minuten*

Pikanter Maisschmarren

1 Die Brühe mit Salz und der Butter aufkochen. Den Maisgrieß unter Rühren langsam dazugeben und aufkochen lassen. Zugedeckt bei schwacher Hitze etwa 45 Minuten ausquellen lassen, bis sich der Brei vom Topfboden löst.
2 2 Esslöffel Öl in einer großen Pfanne erhitzen. Ein Drittel vom Maisbrei darin glatt streichen und bei mittlerer bis schwacher Hitze 5 Minuten anbraten.
3 Dann die Masse mit zwei Gabeln in mundgerechte Stücke rupfen und die Stücke bei mittlerer bis starker Hitze unter häufigem Wenden etwa 5 Minuten goldbraun und knusprig braten. Den Schmarren zugedeckt warm halten. Den restlichen Maisbrei ebenso braten.

Für 4 Portionen

- ½ l Gemüsebrühe
- Salz
- 1 EL Butter
- 200 g Maisgrieß (Polenta)
- 150 g Maiskörner
- 6 EL Olivenöl

■ *Zeit: 1 Stunde und 15 Minuten*

Rezepte

Buchweizenküchlein mit Tomaten

Für 4 Portionen

Für die Küchlein
- 200 g Buchweizenschrot
- 2 Eier
- 1 TL Salz
- 100 ml Wasser
- 1 Zwiebel
- 250 g Zucchini
- 1 Bund Schnittlauch
- 1 Bund Petersilie
- 50 g geriebener Emmentaler
- 2 TL Tomatenmark
- ½ TL Currypulver
- Butterschmalz zum Braten
- 2–3 Tomaten
- 100 g Emmentaler am Stück

■ *Zeit: 45 Minuten*

1 Den Buchweizenschrot mit den Eiern und dem Salz verrühren. Dann nach und nach unter Rühren so viel Wasser zugeben, bis ein geschmeidiger, nicht zu weicher Teig entsteht. Den Teig etwa 15 Minuten quellen lassen.

2 Inzwischen die Zwiebel schälen und fein würfeln. Zucchini putzen und raspeln und in den Teig rühren. Schnittlauch und Petersilie waschen, trockenschütteln, einige Petersilienblättchen zum Garnieren beiseite legen, die übrige Petersilie und den Schnittlauch fein schneiden.

3 Die Kräuter, den Käse und das Tomatenmark unter den Teig rühren. Mit Curry würzen. In einer Pfanne etwas Butterschmalz oder Öl erhitzen. Mit einem Löffel etwa 12 Portionen vom Teig in die Pfanne setzen und diese bei mittlerer Hitze auf beiden Seiten goldbraun braten.

4 Inzwischen die Tomaten waschen, den Stielansatz entfernen und in dünne Scheiben schneiden. Den Käse in kleine Streifen schneiden.

5 Die gebratenen Küchlein mit Tomatenscheiben und Käsestreifen belegen. Einen Deckel auf die Pfanne legen und den Käse in 2 bis 3 Minuten schmelzen lassen. Mit den Petersilienblättchen garnieren und sofort servieren.

Tip Dazu ein Gemüseragout, eine Tomatensauce, Kräutersauce und/oder einen Salat reichen.

Info Die Bedeutung von frischen Kräutern wie Petersilie und Schnittlauch, aber auch Kresse, Kerbel oder Koriandergrün, darf man nicht unterbewerten. Sie dienen zur Abrundung und Verbesserung des Geschmacks, regen den Appetit an und wirken somit verdauungsfördernd. Zusätzlich sind sie auch eine Quelle von Mineralstoffen und Vitaminen. Der Vitamin-C-Gehalt von Schnittlauch und Petersilie, zur Stärkung des Immunsystems, ist durchaus erwähnenswert. Mangan unterstützt die Entgiftungsfunktion der Leber.

Pizza

Auf die Pizza beim Italiener sollten Sie verzichten, zu Hause müssen Sie das jedoch nicht. Hier finden Sie zwei Alternativen zum herkömmlichen Pizzateig auf Kartoffelbasis. Beim Belag können Sie Ihre persönliche Lieblingspizza kreieren.

Roher Kartoffelteig für Pizza

1 Die Kartoffeln schälen und roh reiben. Eier und Sahne mit Salz und Thymian in einer großen Schüssel gut verquirlen.
2 Die geriebenen Kartoffeln und den Käse dazugeben und untermischen. Den Backofen auf 220 °C vorheizen.
3 Die Masse in eine große flache Auflaufform füllen und etwa 20 Minuten auf der oberen Schiene backen.
4 Den vorbereiteten Belag auf den Pizzaboden geben und weitere 20 bis 25 Minuten auf der untersten Schiene backen.

Für 4 Personen
- 1 kg mehlige Kartoffeln
- 4 Eier
- 200 g süße oder saure Sahne
- Salz
- Thymian
- 100 g geriebener Käse
- Belag nach Wahl

■ *Zeit: 55 Minuten*

Gekochter Kartoffelteig für Pizza

1 Kartoffeln mit Schale in wenig Wasser bissfest garen. Abgießen, kalt abschrecken und schälen. Durch die Kartoffelpresse drücken. Mit Kartoffelstärke, Eigelb, ½ Teelöffel Oregano und ½ Esslöffel Öl verrühren, mit Salz und Pfeffer abschmecken.
2 Die Form einfetten. Den Kartoffelteig darin verteilen, dabei rundherum einen gut fingerbreiten Rand hochdrücken. Den Backofen auf 200 °C vorheizen.
3 Den Belag für die Pizza zubereiten, die Pizza damit belegen und im Backofen etwa 40 Minuten backen.

Für eine Form von 28 cm Durchmesser
- 600 g mehlige Kartoffeln
- 75 g Kartoffelstärke
- 1 Eigelb
- 1 EL Oregano
- 4 EL Olivenöl
- Salz, Pfeffer
- Belag nach Wahl
- Fett für die Form

■ *Zeit: 1 Stunde und 15 Minuten*

Tip Sie sollten darauf achten, eine mehlig kochende Kartoffelsorte zu verwenden. Von den frühen Sorten eignet sich Christa am besten. Von den mittelfrühen sind Bintje, Irmgard und Desiree, bei den späten Datura und Maritta geeignet.

Rezepte

Für 1 Backblech

Für den Belag
- je 80 g schwarze, rote und weiße Bohnen
- 1 Lorbeerblatt
- 1 TL getrockneter Majoran
- 1 Zwiebel
- 6 EL Olivenöl
- 100 g Mandeln
- 3 Mangos (à etwa 400 g)

Für den Teig
- je 80 g Buchweizen-, Hirse- und Maismehl
- 80 g Mais- oder Kartoffelstärke
- 1 TL Weinstein-Backpulver
- Salz
- 1 EL Currypulver
- 1 TL gemahlener Koriander
- 1 Prise Cayennepfeffer
- 8 Eier
- 250 g weiche Butter
- 300 g saure Sahne
- Backpapier für das Backblech

■ *Zeit: 1 Stunde und 15 Minuten*

Mango-Bohnen-Kuchen

1 Die Bohnen mit etwa 1 Liter Wasser bedecken und 8 Stunden einweichen. Dann im Einweichwasser mit dem Lorbeerblatt und dem Majoran zugedeckt bei schwacher Hitze in 30 bis 35 Minuten kochen. Auf einem Sieb abtropfen lassen, dabei das Lorbeerblatt herausnehmen.

2 Die Zwiebel schälen und würfeln, Olivenöl in einer großen Pfanne erhitzen, die Zwiebeln darin glasig andünsten. Die Mandeln hinzufügen und alles unter Wenden 5 Minuten weiterdünsten. Die Bohnen zugeben und umrühren, sie sollten vom Öl überzogen sein. Dann die Pfanne vom Herd nehmen.

3 Die Mangos schälen und das Fruchtfleisch rings um den Kern in mundgerechten Stücken abschneiden.

4 Für den Teig die verschiedenen Mehlsorten, das Weinstein-Backpulver, 1 Teelöffel Salz und die Gewürze mischen. Die Eier trennen. Die Eigelbe mit der weichen, in Portionen zerteilten Butter und der sauren Sahne zur Mehlmischung geben und alles zu einem weichen Teig verrühren.

5 Die Eiweiße mit 1 Prise Salz steif schlagen und vorsichtig unter den Teig ziehen. Den Backofen auf 220 °C vorheizen.

6 Ein Backblech mit Backpapier auslegen. Den Teig gleichmäßig darauf streichen. Die Bohnen darauf verteilen, die Mangostücke darüber geben und 25 bis 30 Minuten backen. Warm oder lauwarm servieren. Eine Kräuter- oder Tomatensauce dazu reichen.

Info Bohnen sind nicht nur sehr reich an Eiweiß und Ballaststoffen, sie enthalten auch Mineralien und Vitamine in beachtenswerter Menge. Ihr Gehalt an Folsäure und Vitamin B1 reicht zur Deckung von drei Viertel bzw. der Hälfte des Tagesbedarfs aus. Folsäure benötigt der Körper für die Zellteilung und Zellneubildung. Thiamin (Vitamin B1) ist an vielen Prozessen der Energiegewinnung aus den Kohlenhydraten beteiligt. Appetitmangel, Müdigkeit und Verdauungsstörungen deuten auf einen Mangel daran hin.

Ein Hauch Nordafrika

Hauptgerichte

Das Hauptgericht ist das Herz jedes mehrgängigen Menüs. Im normalen Alltag stellt es zumeist die Mahlzeit dar, für die man sich am meisten Zeit und Ruhe nimmt. Es folgen einige Rezepte, die besonders glutenfreie Getreide wie Hirse, Buchweizen und Mais berücksichtigen. Weitere Rezepte, die sich auch als Hauptgerichte eignen, finden Sie im Kapitel »Aus dem Backofen«.

Hirsecouscous mit Kichererbsen

1 Die getrockneten Kichererbsen über Nacht in Wasser einweichen. Dann mit dem Einweichwasser bedeckt im geschlossenen Topf bei mittlerer Hitze in etwa 45 Minuten gar kochen. Die Hirse mit knapp 400 Milliliter Wasser zum Kochen bringen und 20 Minuten bei schwacher Hitze ausquellen lassen.

2 Inzwischen die Karotten waschen, schälen und in ½ Zentimeter dicke Scheiben schneiden. Den Kohlrabi ebenfalls schälen und in ½ Zentimeter große Würfel schneiden. Die Bohnen waschen, putzen, falls nötig von den Fäden befreien und in 3 Zentimeter lange Stücke schneiden.

3 Zwiebeln und Knoblauch schälen und getrennt klein würfeln. Das Öl in einer großen Pfanne erhitzen, die Zwiebelwürfel darin glasig dünsten.

4 Knoblauch, Karotten-, Kohlrabi- und Bohnenstücke, die Sultaninen und das Bohnenkraut dazugeben. Von der Brühe die Hälfte angießen und das Gemüse bei mittlerer Hitze zugedeckt etwa 10 Minuten dünsten.

5 Etwas Salz und das Pimentpulver hineinrühren. Die restliche Brühe dazugießen, die Hirse unter Rühren hinzufügen und alles zugedeckt bei sehr schwacher Hitze 3 bis 5 Minuten garen.

6 Zum Schluss die Kichererbsen mit etwas Kochwasser dazugeben. Butter zugeben, abschmecken und eventuell nachwürzen. Vor dem Servieren das Couscous mit den Kräutern bestreuen.

Für 4 Portionen

- 150 g getrocknete Kichererbsen
- 200 g Hirse
- 250 g Karotten
- 1 Kohlrabi
- 250 g grüne Bohnen
- 2 Zwiebeln
- 2–3 Knoblauchzehen
- 3 EL Oliven- oder Sonnenblumenöl
- 50 g Sultaninen (nach Belieben)
- 1 TL Bohnenkrautblättchen
- ca. ½ l Gemüsebrühe
- Salz
- 1 Prise Pimentpulver
- 40 g Butter
- 2 EL beliebige Kräuter, frisch gehackt

■ *Zeit: 1 Stunde*

Rezepte

Hirsotto mit Spargel

Für 4 Portionen

- 500 g weißer Spargel
- 200 g Hirse
- 2–3 Frühlingszwiebeln oder 1 mittelgroße Zwiebel
- 5 EL Öl
- 400–500 ml Gemüsebrühe
- 200 g Blattspinat
- 1 Bund Petersilie
- 80–100 g geriebener Parmesan oder Emmentaler
- Salz, Pfeffer

■ **Zeit: 1 Stunde**

1 Den Spargel schälen, dabei die holzigen Enden entfernen. Die Stangen in etwa 3 Zentimeter lange Stücke schneiden, die Köpfe beiseite legen.

2 Die Frühlingszwiebeln putzen, waschen und in feine Ringe schneiden. Oder die Zwiebel schälen und fein würfeln. Die Hälfte des Öls erhitzen, die Zwiebeln darin glasig dünsten.

3 Die Hirse und Spargelstücke (ohne die Köpfe) dazugeben, alles mit der Gemüsebrühe aufgießen. Zugedeckt etwa 5 Minuten kochen, dann bei schwacher Hitze weitere 10 bis 15 Minuten köcheln lassen.

4 Inzwischen den Spinat verlesen, gründlich waschen und putzen; dann gut abtropfen lassen. In einem Topf Wasser aufkochen. Die Spargelspitzen darin 2 bis 3 Minuten blanchieren, mit einer Schaumkelle herausnehmen und zur Hirse geben. Den Spinat in das Wasser geben und ebenfalls 3 bis 4 Minuten blanchieren.

5 Die Spinatblätter herausnehmen, etwas abkühlen lassen, klein schneiden und ebenfalls zur Hirsemasse geben. Die Hirse noch 5 bis 10 Minuten ohne Hitzezufuhr zugedeckt nachquellen lassen, bis die Körner gleichmäßig aufgequollen und weich sind.

6 Die Petersilie waschen und fein hacken. Käse, Petersilie und das restliche Öl unter das Hirsotto rühren. Mit Salz und Pfeffer abschmecken. Bei Bedarf noch etwas Wasser dazugeben, dadurch wird das Hirsotto cremiger.

Variationen Geben Sie zu dem Hirsotto 1 Liter Brühe dazu, so erhalten Sie eine delikate Suppe. Außerdem können Sie das Hirsotto auch mit Kohlrabi, Blumenkohl, Erbsen oder Karotten abwandeln.

Info Bei der Wahl des Öls, das Sie verwenden, sollten Sie immer darauf achten, eines mit mehrfach ungesättigten Fettsäuren zu verwenden. Je höher der Anteil an gesättigten Fettsäuren ist, desto schwerer verdaulich ist es.

Problemlos können Sie Hirse garen, wenn Sie diese mit der doppelten Menge Wasser aufkochen, etwa 5 Minuten bei starker Hitze kochen lassen und dann im etwa 100 °C warmen Ofen ausquellen lassen. Dabei wird die Hirse schön locker, auch wenn sie z. B. 30 Minuten im Ofen bleibt, und setzt nicht an.

Buchweizenring

1 Karotte und Sellerie schälen, waschen und in ½ Zentimeter große Würfel schneiden. Zwiebel und Knoblauchzehe schälen und fein würfeln.

2 Brühe mit Curry und 1 Prise Salz zum Kochen bringen. Buchweizen mit Karotte, Sellerie, Zwiebel und Knoblauch hineingeben. Kurz aufkochen lassen. Den Buchweizen zugedeckt bei schwacher Hitze etwa 15 Minuten kochen lassen.

3 Inzwischen Lauch putzen, waschen und quer in dünne Streifen schneiden. Die Lauchstreifen in die köchelnde Buchweizenmasse rühren und alles zugedeckt weiterkochen lassen. Eventuell noch etwas Brühe zugeben.

4 Für die Sauce die Tomaten waschen, vierteln, dabei Stielansätze entfernen. Zwiebel schälen und grob würfeln. Petersilie und Basilikum waschen, abtropfen lassen. Einen kleinen Teil beiseite legen, die restlichen Kräuter mit den Tomaten- und Zwiebelstücken und dem Öl im Mixer oder mit dem Mixstab pürieren. Mit Salz, Pfeffer und dem Honig abschmecken. Nach Belieben Sahne zugeben, mit den restlichen Kräutern bestreuen.

5 Buchweizen nach Ende der Garzeit noch etwa 10 Minuten nachquellen lassen. Den Schnittlauch oder Dill waschen und fein schneiden.

6 Eine Ringform oder eine Schüssel kalt ausspülen. Die Hälfte des Schnittlauchs oder Dills unter den Buchweizen mischen. Die Masse in die Form einfüllen und mit einem Löffel fest drücken. Eine Platte umgekehrt auf die Form legen und den Buchweizen darauf stürzen.

7 Crème fraîche glatt rühren und kreisförmig über den Buchweizenring gießen. Den restlichen Schnittlauch oder Dill darüber streuen. Die kalte Sauce dazu servieren.

Originelles ohne Aufwand

Für 4 Portionen

Für den Ring
- 1 Karotte
- 50 g Knollensellerie
- 1 Zwiebel
- 1 Knoblauchzehe
- 400 ml Gemüsebrühe
- 1 TL Currypulver
- Salz
- 200 g Buchweizen
- 1 kleine Stange Lauch
- 1 Bund Schnittlauch oder Dill
- 50 g Crème fraîche

Für die Sauce
- 400 g reife Tomaten
- 1 kleine Zwiebel
- 4 EL grob gehackte Petersilie
- 1 Bund Basilikum
- 1–2 EL Olivenöl
- Salz und Pfeffer
- ½ TL Honig
- 50–100 g Sahne nach Belieben

■ *Zeit: 45 Minuten*

Variation Statt der Tomatensauce passt auch eine Currysauce sehr gut dazu. Dafür nehmen Sie 200 Gramm Sahne, mischen sie mit ¼ Liter Wasser, 20 Gramm Reismehl und Currypulver und kochen diese Zutaten 10 Minuten.

Rezepte

Pochierter Rotbarsch auf Gemüse

Für 4 Personen

- 4 Rotbarschfilets (à 200 g)
- Saft von 1 Zitrone
- je 1 rote und grüne Paprikaschote
- 1 Stange Sellerie
- 1 Stange Lauch
- 200 g Champignons
- frische Ingwerwurzel, 2 cm
- 2 EL Öl
- 1–2 EL Currypulver
- je ½ TL gemahlener Kreuzkümmel und Koriander
- 1 Prise Chilipulver
- 400 ml Fischfond (aus dem Glas) oder Gemüsebrühe
- 1–2 EL Speisestärke
- 150 g Joghurt
- Salz, Pfeffer
- 1 TL Honig

■ *Zeit: 35 Minuten*

1 Die Fischfilets waschen, trockentupfen, auf eine Platte legen und mit Zitronensaft beträufeln.

2 Die Paprikaschoten putzen, waschen und in gleich große Streifen oder Würfel schneiden. Sellerie und Lauch ebenfalls putzen, waschen, in Ringe bzw. Scheiben schneiden und die geputzten Pilze in dünne Scheiben schneiden. Den Ingwer schälen und fein hacken.

3 Öl in einer großen Pfanne mit Deckel erhitzen. Die Gewürze Curry, Kreuzkümmel, Koriander, Chili und Ingwer darin kurz anbraten.

4 Das Gemüse hinzufügen und ebenfalls kurz dünsten. Dann den Fischfond oder die Gemüsebrühe dazugießen, gut mit dem Gemüse vermischen und alles bei schwacher bis mittlerer Hitze in der mit dem Deckel verschlossenen Pfanne etwa 8 Minuten garen. Gelegentlich umrühren.

5 Den Fisch auf beiden Seiten salzen und pfeffern. Die Filets auf das Gemüse legen, die Pfanne sofort wieder verschließen und die Fischfilets bei mittlerer Hitze in etwa 5 bis 7 Minuten gar dünsten lassen. Die Fischfilets vom Gemüse nehmen und im Ofen warm stellen.

6 Unterdessen die Speisestärke in etwas kaltem Wasser glatt anrühren und das Gemüse damit andicken. Dann den Joghurt darunter mischen und alles kurz erhitzen. Mit Salz, Pfeffer und dem Honig abschmecken.

6 Den Fisch aus dem Ofen nehmen und auf das Gemüse legen; Filets und Gemüse mit Reis servieren.

Info Glutenfreie Panaden, wie sie im nebenstehenden Rezept für die Hähnchenkeulen verwendet werden, können leicht hergestellt werden. Nicht jeder mag die Variante mit Maisgrieß. Wenden Sie die Hähnchenkeulen im verschlagenen Ei und dann in gemahlenen Mandeln, gemahlenen Erdnüssen oder zerdrückten Cornflakes. Auf diese Weise können Sie auch Hähnchen- oder Putennuggets zubereiten: Das Fleisch zuerst in Ei, dann in der Panade wenden und schließlich in heißem Fett rundum braten.

Glutenfreie Panade

Italienischer Fisch-Tomaten-Topf

1 Den Fisch waschen, trockentupfen und in Stücke schneiden. Mit dem Zitronensaft beträufeln. Paprika putzen, waschen, vierteln und in Streifen schneiden. Zwiebel und Knoblauch schälen und fein hacken.

2 Das Öl in einem großen Topf erhitzen. Die Zwiebel, den Knoblauch und den Oregano darin unter Rühren etwa 3 Minuten andünsten. Tomaten samt Saft und Paprika zugeben und alles weitere 2 Minuten schmoren.

3 Gemüsebrühe und Wein zugießen und einmal kräftig aufkochen lassen. Mit Salz und Pfeffer würzen.

4 Die Fischstücke in die Gemüsesauce legen und zugedeckt bei schwacher Hitze etwa 5 Minuten gar ziehen lassen. Basilikum waschen, trockentupfen, die Blättchen abzupfen, fein hacken und über den Fisch-Tomaten-Topf streuen.

Für 4 Personen

- 600 g Fischfilets (Kabeljau, Rotbarsch oder Seehecht)
- 1 EL Zitronensaft
- 2 rote Paprikaschoten
- 1 Gemüsezwiebel
- 2 Knoblauchzehen
- 4 EL Öl
- 1 TL getrockneter Oregano
- 1 große Dose Tomaten (800 g)
- ¼ l Gemüsebrühe
- ¼ l trockener Weißwein
- Salz, Pfeffer
- 1 Bund Basilikum

■ *Zeit: 30 Minuten*

Pikante Hähnchenkeulen

1 Eine feuerfeste Form mit Öl ausstreichen. Das Ei bzw. die Eier in einem tiefen Teller verquirlen. Maisgrieß, Paprikapulver sowie Salz und Pfeffer in einem zweiten Teller mischen.

2 Die Haut von den Hähnchenkeulen entfernen und die Hähnchen abspülen. Die Keulen zuerst im Ei, dann in der gewürzten Maisgrießmischung wenden.

3 Die Hähnchenkeulen nebeneinander in die Form legen. Im vorgeheizten Backofen (Gas 3 bis 4; Umluft 180 °C) etwa 20 Minuten braten lassen. Dann mit dem Zitronensaft beträufeln und weitere 10 Minuten garen, bis beim Anstechen mit einer Messerspitze nur noch klarer Saft austritt.

Beilage Salat oder Reis

Variationen Diese Panade können Sie auch für Fisch oder Schnitzel verwenden. Würzen Sie den Maisgrieß nach Belieben, statt mit Paprikapulver z. B. mit Currypulver oder mit Kräutern.

Für 4 Personen

- Öl für die Form
- 1–2 Eier
- 125 g feiner Maisgrieß
- 2 TL edelsüßes Paprikapulver
- Salz, Pfeffer
- 8 Hähnchenkeulen
- 3 EL Zitronensaft

■ *Zeit: 45 Minuten*

Rezepte

Schweinernes mit Gemüse

Für 4 Personen

- 1 EL Sojasauce
- 1 TL Ingwerpulver
- 1 Messerspitze Cayennepfeffer
- Pfeffer
- 400 g Schweinefilet
- 3 Frühlingszwiebeln
- 2 grüne Paprikaschoten
- 1 rote Paprikaschote
- 1 EL Öl
- 200 ml Hühnerbrühe
- 1–2 EL Speisestärke
- 3 EL Hoisinsauce oder Fischsauce (aus dem Asienladen)

■ *Zeit: 25 Minuten*

1 Sojasauce, Ingwer, Cayenne und Pfeffer verrühren. Das Schweinefilet in 1 Zentimeter breite Streifen schneiden, in die Marinade legen und etwa 15 Minuten kalt stellen.

2 Die Frühlingszwiebeln und Paprikaschoten waschen, putzen und in Ringe bzw. schmale Streifen schneiden. In einer tiefen Pfanne oder in einem Wok das Öl erhitzen. Frühlingszwiebeln darin unter Rühren 2 Minuten andünsten, dann die Paprika zugeben und weitere 3 Minuten unter Rühren braten. Die Paprika sollen noch bissfest sein.

3 Die Schweinefiletstreifen mit einem Schaumlöffel aus der Marinade heben, abtropfen lassen und zugeben, Marinade beiseite stellen. Das Fleisch unter Rühren ebenfalls etwa 3 Minuten braten, bis das Fleisch gar ist.

4 Die Speisestärke in der Brühe und Hoisinsauce auflösen und die Schweine-Gemüse-Pfanne damit binden.

Schweinernes mit Gemüse: Wenn Sie wenig Zeit zum Kochen haben, ist diese Fleisch-Gemüse-Pfanne eine schnelle Alternative.

Pikantes aus dem Ofen

Brokkoli-Putenbrust-Auflauf

Für 4 Personen

- 750 g Brokkoli
- Salz
- 400 g Putenbrustfilet
- 3 EL Öl
- 40 g Buchweizenmehl
- etwas Gemüse- oder Hühnerbrühe
- 125 g Sahne
- 75 g geriebener Hartkäse
- Cayennepfeffer
- geriebene Muskatnuss
- 400 g Tomaten
- 125 g Mozzarella

■ *Zeit: 1 Stunde*

1 Den Brokkoli putzen, die Röschen abschneiden, die Stängel schälen und in Scheiben schneiden. In ungefähr ½ Liter leicht gesalzenem Wasser etwa 2 Minuten blanchieren. Das Kochwasser abgießen und auffangen und den Brokkoli in eine Auflaufform legen.

2 Das Putenbrustfleisch kalt abspülen, trockentupfen und in Streifen schneiden. Öl in einer Pfanne erhitzen und das Fleisch darin bei starker Hitze unter Wenden anbraten. Dann zu dem Brokkoli in die Auflaufform geben und miteinander mischen.

3 Das Buchweizenmehl ins Bratfett streuen und anrösten. Die Brokkolibrühe unter Rühren zugießen. Die Sauce aufkochen und bei schwacher Hitze etwa 5 Minuten leise köcheln lassen. Falls die Sauce zu dick ist, noch etwas Gemüse- oder Hühnerbrühe zugießen.

4 Den Backofen auf 180 °C vorheizen. Sahne, Käse, Cayennepfeffer und geriebene Muskatnuss in die Buchweizensauce mischen; bei schwacher Hitze ständig rühren, bis sich der Käse aufgelöst hat. Über die Fleisch-Brokkoli-Mischung gießen.

5 Die Tomaten mit kochendem Wasser überbrühen, häuten, in Scheiben schneiden und auf die Sauce in der Form verteilen. Den Mozzarellakäse in Scheiben schneiden, auf die Tomaten legen. Den Auflauf etwa 30 Minuten backen.

Info Zum Binden von Saucen eignet sich am besten Mais- und Kastanienmehl, Kartoffel- und Reisstärke.

Variation Anstatt des Putenfleischs kann man auch Hühnchenschlegel nehmen. Dazu empfiehlt es sich, mit noch etwas frischem Thymian zu würzen. Der stark aromatische, bitterwürzige Geschmack gibt dem Gericht eine südländische Note. Neben seiner würzenden Eigenschaften hat Thymian auch noch eine antiseptische Wirkung und konservierende Inhaltsstoffe. Letzteres ist der Grund, warum dieses Kraut oft Wurstwaren zugesetzt wird.

Rezepte

Beilagen/Saucen

Dieses Kapitel widmet sich den sogenannten Sättigungsbeilagen. Darunter sind sowohl Beilagen als auch Saucen zu verstehen. Sie sollten nicht nur Beiwerk sein, sondern haben die gleiche Aufmerksamkeit verdient wie das Hauptgericht.

Béchamelsauce

Für 4 Portionen
- 20 g Butter
- 1–2 EL Buchweizenmehl
- ⅜ l Gemüsebrühe
- 150 g Mascarpone
- 1 Messerspitze Pfeffer
- Muskatnusspulver

■ **Zeit: 15 Minuten**

1 Die Butter in einem kleinen Topf schmelzen lassen, das Buchweizenmehl zugeben und unter ständigem Rühren die Gemüsebrühe zugießen, dabei nach jeder Flüssigkeitszugabe die Sauce glatt rühren. Die Sauce knapp 5 Minuten bei schwacher Hitze köcheln lassen.

2 Den Topf vom Herd nehmen, Mascarpone löffelweise hineinrühren und die Sauce zugedeckt 2 bis 3 Minuten stehen lassen, dann mit einem Schneebesen glatt rühren und mit Pfeffer und Muskatnuss abschmecken.

Variationen Durch beliebige Zutaten lassen sich aus der Béchamelsauce unterschiedliche Saucen kreieren: Currysauce, Senfsauce, Käsesauce, Kräutersauce, Eiersauce – Ihrer Phantasie sind hier keine Grenzen gesetzt.

Und wenn man es mal nicht so üppig mag, lässt sich der Mascarpone auch durch ¼ Liter Milch ersetzen.

Hirsesauce

Für 4 Portionen
- 50 g Hirse
- ⅜ l Gemüsebrühe
- 1 kleines Lorbeerblatt
- ½–1 TL Currypulver
- 3 Eigelbe
- 2 EL Schnittlauchröllchen

■ **Zeit: 35 Minuten**

1 Die Hirse mit der Brühe und dem Lorbeerblatt aufkochen, dann etwa 20 bis 25 Minuten bei schwacher Hitze kochen. Etwas abkühlen lassen.

2 Das Lorbeerblatt herausnehmen. Curry und Eigelbe dazugeben und alles unter ständigem Schlagen (mit einem Schneebesen) erhitzen bis die Sauce dicklich ist, aber nicht mehr aufkochen lassen.

3 Topf vom Herd nehmen und den Schnittlauch unter die Sauce mischen. Passt gut zu gedünstetem Gemüse.

Glutenfreie Alternativen für Nudeln und Klöße

Vollkornnudeln

1 Alle Zutaten zu einem festen Teig verarbeiten.
2 Die Arbeitsplatte mit Mehl (vermischt mit Guarkern- oder Johannisbrotkernmehl) bestäuben und den Teig dünn ausrollen. Mit einem scharfen Messer Nudeln schneiden.
3 Die Nudeln entweder auf einem Handtuch leicht antrocknen lassen und kochen oder ganz trocknen und in einem Glas oder Beutel auf Vorrat aufbewahren. Je nach verwendeter Mehlsorte beträgt die Kochzeit bis zu 30 Minuten.

Für 4 Personen

- 100 g fein gemahlenes Mehl (Mais, Hirse, Buchweizen, Mungbohne, Amaranth etc.)
- 10 g Guarkern- oder Johannisbrotkernmehl
- ½ TL Salz
- 2 Eier
- ca. 40 ml Wasser

■ *Zeit: 45 Minuten*

Hirseklöße

1 Die Hirse mit der doppelten Menge Wasser, dem Lorbeerblatt und Piment erhitzen und 5 bis 10 Minuten kochen. Dann salzen und nachquellen lassen. Anschließend in einer Schüssel abkühlen lassen. Lorbeerblatt und Pimentkorn entfernen.
2 Öl und Quark verrühren und mit dem Buchweizenmehl, Koriander, Liebstöckel und Knoblauchsalz unter die Hirse mischen.
3 Von der Masse einen Probekloß formen, in kochendes Wasser geben und die Konsistenz überprüfen. Ist der Kloß zu locker, noch etwas Mehl zugeben, ist er zu fest, noch Quark hinzufügen.
4 Mit öligen Händen kleine Klöße formen und in siedendem Wasser ziehen lassen, bis sie oben schwimmen. Herausnehmen, auf eine Platte legen und mit Butter bepinseln.

Info Liebstöckel, auch bekannt als Maggikraut, gibt es frisch und getrocknet. Da die Pflanze stark würzend ist – sie verliert ihre Würzkraft auch im getrockneten Zustand nicht – sollte sie nur sparsam verwendet werden.
Man vermutet, dass der Liebstöckel aus dem Orient ins alte Rom kam. Sein Name lässt noch eine Anlehnung an das lateinische Ligusticum erkennen. Im Mittelalter war es, als harntreibendes Heilkraut, in fast jedem Klostergarten zu finden.

Für 4 Personen

- 160 g Hirse
- 1 Lorbeerblatt
- 1 Pimentkorn
- Salz
- 2 EL Öl
- 150 g Magerquark
- 50 g Buchweizenmehl
- Koriander
- Liebstöckel
- Knoblauchsalz
- Butter

■ *Zeit: 45 Minuten*

Rezepte

Kartoffel-Mais-Klöße

Für 4 Personen

- 750 g mehlige Kartoffeln
- Salz
- 500 g Maismehl

■ *Zeit: 45 Minuten*

1 Die Kartoffeln abbürsten und mit der Schale kochen oder dämpfen.

2 1 Liter Wasser mit dem Salz zum Kochen bringen und unter Rühren Maismehl einstreuen. So lange bei schwacher Hitze kochen, bis der Maisbrei dick ist und der Rührlöffel darin stehen bleibt.

3 Die Kartoffeln abschrecken, schälen und noch heiß durch die Kartoffelpresse drücken. Dann gründlich unter den Maisbrei mischen.

4 Mit einem in heißes Fett getauchten Esslöffel kleine Klöße abstechen und auf eine Platte legen. Zu Gemüse und Fleischgerichten reichen.

Tip Das Dämpfen der Kartoffeln ist dem Kochen vorzuziehen, da es sich um eine schonendere Garmethode handelt. Die Nährstoffe bleiben dabei weitgehend erhalten.

Quarkklöße

Für 4 Personen

- 250 g Magerquark
- 3 Eier
- 100 g Butter
- 40 g Kartoffel- oder Maisstärke
- 200 g Maisgrieß
- Salz
- Muskatnuss

■ *Zeit: 1 Stunde und 30 Minuten*

1 Den Quark in ein Sieb geben und abtropfen lassen.

2 Die Eier trennen. Die Eigelbe mit der Butter schaumig schlagen. Dann den Quark mit der Stärke, dem Grieß, Salz und Muskat unterrühren.

3 Die Eiweiße steif schlagen und unter die Quarkmasse heben. Den Teig etwa 1 Stunde quellen lassen.

4 Mit einem Esslöffel Klöße abstechen und in reichlich siedendes Salzwasser geben. Dabei den Löffel immer wieder in kaltes Wasser tauchen, damit der Teig nicht am Löffel kleben bleibt.

5 Die Klöße etwa 10 Minuten ziehen lassen; das Wasser sollte nicht mehr kochen. Mit einer Schaumkelle herausnehmen.

Tip Die Quarkklöße passen als Beilage zu Sauerbraten. Aber auch mit Kompott oder einfach mit Zucker, Zimt und ein wenig heißer Butter sind sie eine köstliche süße Mehlspeise.

Grießnockerln mit Käsefüllung

1 Gemüsebrühe zum Kochen bringen. Muskatnuss und Butter zugeben, den Maisgrieß einrühren und bei schwacher Hitze unter ständigem Rühren in etwa 5 Minuten einen dicken Brei kochen.
2 Den Brei 10 Minuten auskühlen lassen und mit den verquirlten Eiern und der Stärke vermischen. Nockerln (kleine Klößchen) von etwa 4 bis 5 Zentimetern Durchmesser formen.
3 Den Käse in kleine Würfel schneiden. In die Mitte der Nockerln etwas Käse geben, den Teig gut zusammendrücken, in leicht kochendem Salzwasser etwa 8 Minuten ziehen lassen.

Info Mais bietet die ideale Kombination eines hohen Gehalts von Vitamin B1 (Thiamin) und Mangan. Thiamin hilft beim Abbau der Kohlenhydrate zu Glukosemolekülen, die die Nerven- und Gehirnzellen als Energienahrung brauchen. Damit das Thiamin diese Funktion ausüben kann, muss das Spurenelement Mangan ausreichend im Körper vorhanden sein. Im Mais ist beides in relativ hoher Konzentration enthalten.

Für 4 Portionen

- 500 ml Gemüsebrühe
- 1 Prise Muskatnuss, gerieben
- 30 g Butter
- 250 g Maisgrieß (Polenta)
- 2 Eier
- 2 EL Maisstärke
- 125 g Gouda oder Emmentaler
- Salz

Zeit: 40 Minuten

Grießnockerln

1 Die Milch aufkochen lassen, Grieß und Gewürze einrühren und zu einem festen Brei kochen.
2 Den Brei sofort in eine gefettete Auflaufform füllen und die Oberfläche glatt streichen.
3 Den Grießbrei abkühlen lassen und aus der Form stürzen. Nockerln ausstechen und auf ein gefettetes Backblech legen.
4 Mit der weichen Butter bepinseln, mit dem geriebenen Käse bestreuen und im Backofen bei 200 °C etwa 10 Minuten überbacken.

Tip Diese Nockerln – Gnocchi – passen besonders gut als Beilage zu italienischen Gerichten.

Für 4 Personen

- 250 ml Milch
- 30 g feiner Maisgrieß
- ½ TL Salz
- 1 Prise Muskatnuss, gerieben
- 1 TL Butter
- 50 g geriebener Käse
- etwas weiche Butter

Zeit: 45 Minuten

Rezepte

Einfache Polenta

Für 4 Portionen
- 1 ½ l Wasser
- 1 ½ TL Salz
- 300 g Maisgrieß (Polenta)
- 30 g Butter

▪ Zeit: 1 Stunde

1 Das Wasser zum Kochen bringen, salzen und den Maisgrieß in einem dünnen Strahl einrühren. Weiterrühren, bis die Polentamasse zu kochen beginnt und Blasen schlägt.
2 Bei schwacher Hitze im offenen Topf etwa 45 Minuten kochen lassen. Häufig umrühren.
3 Die fertige Polenta vom Herd nehmen und die Butter unterrühren.

Buchweizenknödel

Für 4 Personen
- 200 g Buchweizenmehl
- 2 TL Trockenhefe
- Salz
- 1 TL getrockneter Thymian
- 250 g Magerquark
- 50 g flüssige Butter
- 2 Eier
- 20 g Butter

▪ Zeit: 40 Minuten

1 Das Buchweizenmehl mit der Hefe, ½ Teelöffel Salz und dem Thymian mischen. Mit dem Quark, der Butter und den Eiern gründlich zu einem festen, geschmeidigen Teig verrühren.
2 In einem großen Topf knappe 2 Liter Wasser mit 1 Esslöffel Salz zum Kochen bringen.
3 Aus dem Teig mit angefeuchteten Händen 12 etwa eigroße Knödel formen. Diese ins kochende Wasser geben, sofort die Hitze wegnehmen und in etwa 20 Minuten gar ziehen lassen.
4 Die Knödel in einer vorgewärmten Schüssel oder auf Sauerkraut anrichten. Die Butter in Flöckchen auf den Knödeln verteilen.

Hirse als Beilage

Für 4 Personen
- 1 Zwiebel
- 1 Karotte
- 1 Stange Lauch
- 1 Stück Knollensellerie
- 40 g Öl oder Margarine
- 200 g Hirse
- 400 ml Wasser
- Salz

▪ Zeit: 45 Minuten

1 Das Gemüse waschen, putzen und klein schneiden. Das Fett in einem Topf erhitzen. Das Gemüse darin kurz dünsten.
2 Die Hirse hinzufügen, Wasser und Salz würzen. Alles aufkochen und etwa 20 Minuten bei milder Hitze ausquellen lassen.

Info Sowohl Lauch als auch Sellerie haben einen hohen Anteil an ätherischen Ölen. Das Lauchöl enthält Allizin, beim Sellerie handelt es sich um mehrere, die sogenannten Terpene. Sie töten Bakterien und Pilze in Magen und Darm ab.

Einfache Beilagen

Mit Buchweizenknödeln lassen sich köstliche Gerichte zaubern. Buchweizenknödel eignen sich ausgezeichnet als Beilage zu Fleischgerichten mit Saucen verschiedenster Art.

Buchweizen als Beilage

1 Den Buchweizen im heißen Öl anrösten.
2 Dann die heiße Brühe zugießen, umrühren und aufkochen lassen. Im geschlossenen Topf bei schwacher Hitze etwa 15 Minuten quellen lassen.
3 Am Ende der Garzeit mit Salz und Pfeffer pikant abschmecken.

Info Neben Buchweizen und Hirse sind für eine glutenfreie Ernährung natürlich auch Reis und Kartoffeln eine ideale Beilage. Auch Kastanienmus kommt infrage, dabei ist zu beachten, dass es extrem sättigend ist. So berechnet man 100 Gramm Maronen pro Person. Die Kastanien werden auf der runden Seite kreuzweise eingeritzt, in Salzwasser gekocht und noch heiß geschält. Dann püriert man sie, eventuell mit etwas Butter zum besseren Binden.

Für 4 Portionen

- 150 g Buchweizen
- 2 EL Öl
- ¾ l Gemüsebrühe
- Salz, Pfeffer

■ *Zeit: 20 Minuten*

Rezepte

Für 4 Portionen

- 500 g mehlige Kartoffeln
- 200 g Knollensellerie
- Salz
- ⅛ l Milch
- 1 TL Butter
- Muskatnuss
- 1 kleines Bund Petersilie

■ *Zeit: 40 Minuten*

Kartoffel-Sellerie-Püree

1 Die Kartoffeln schälen, waschen und je nach Größe halbieren oder vierteln. Sellerie putzen, waschen und in nicht zu kleine Würfel schneiden. Kartoffeln und Sellerie in einen Topf füllen, mit Wasser bedecken, Salz zugeben und aufkochen. Dann in etwa 20 Minuten bei schwacher Hitze zugedeckt kochen lassen.

2 Die Milch mit der Butter erhitzen. Je 1 Prise Salz und Muskatnuss hinzufügen. Die Petersilie waschen, gut abtropfen lassen und die Blättchen fein hacken.

3 Die Kartoffeln und den Sellerie abgießen, kurz ausdämpfen lassen und durch die Kartoffelpresse drücken. Die heiße Milch mit einer Gabel oder einem Kochlöffel unterrühren.

4 Das Püree eventuell noch mit Salz abschmecken und 1 Esslöffel Petersilie untermischen. Mit der restlichen Petersilie bestreuen.

Kichererbsentaler

1 Die Kichererbsen in ein Sieb geben, abspülen und gut abtropfen lassen. Die Petersilie waschen, trockenschwenken und ohne grobe Stiele hacken. Den Knoblauch schälen und vierteln. Diese vorbereiteten Zutaten im Mixer oder mit dem Stabmixer pürieren.

2 Das Eigelb und soviel Maisgrieß unter das Püree mischen, dass sich das Püree mit angefeuchteten Händen gut formen lässt. Mit Zitronensaft, Salz und Cayennepfeffer kräftig abschmecken.

3 Aus dem Teig Rollen mit einem Durchmesser von etwa 3 Zentimetern formen. Scheiben von gut 1 Zentimeter Dicke von den Rollen abschneiden und diese im heißem Butterschmalz auf beiden Seiten goldbraun braten.

Beilage Mit einem Salat oder gedünstetem Gemüse als kleines Hauptgericht servieren oder als Beilage zu kurz gebratenem Fleisch, das mit einer Kräuter-, Curry- oder auch Tomatensauce gereicht wird.

Für 4 Portionen

- 1 Dose Kichererbsen (400 g)
- 1 Bund Petersilie
- 1 Knoblauchzehe
- 1 Eigelb
- etwa 50 g Maisgrieß
- 1 TL Zitronensaft
- Salz, Cayennepfeffer
- Butterschmalz zum Ausbacken

■ *Zeit: 25 Minuten*

Reiskroketten

1 Den Reis mit der Hälfte der Brühe aufkochen und zugedeckt bei schwacher Hitze in etwa 1 Stunde sehr weich kochen. Dabei immer wieder mit einer Gabel durchrühren und nach und nach die restliche Brühe zugießen.

2 Inzwischen den Käse fein reiben. Die Tortillachips oder Cornflakes in einen Gefrierbeutel geben und mit dem Nudelholz ganz fein zerkleinern, zum Panieren der Kroketten auf einen Teller geben.

3 Den heißen Reis mit dem Käse vermischen und abkühlen lassen. Dabei immer wieder umrühren. Das Ei, reichlich Pfeffer und Muskatnuss untermischen. Mit der Gabel rühren, bis der Teig etwa wie ein Frikadellenteig bindet.

4 Mit angefeuchteten Händen aus dem Teig Kroketten formen und in den Tortillachips oder Cornflakes wenden. Öl zum Frittieren erhitzen. Reiskroketten portionsweise mit einem Schaumlöffel in das Öl geben und bei mittlerer Hitze etwa 5 Minuten frittieren, bis sie braun und knusprig sind.

5 Mit dem Schaumlöffel herausnehmen, auf Küchenpapier abtropfen lassen und im Backofen warm halten, bis alle Kroketten gebacken sind.

Für 4 Portionen

- 200 g Rundkorn-Naturreis
- 700 ml Gemüsebrühe
- 50 g Parmesan
- 50 g Tortillachips oder Cornflakes
- 1 Ei
- Pfeffer
- Muskatnuss
- Öl zum Frittieren

■ *Zeit: 1 Stunde und 30 Minuten*

Süßspeisen und Desserts

Selbst nach einem üppigen Mahl kann man selten der Versuchung eines köstlichen Desserts widerstehen. Im folgenden Kapitel finden Sie Rezepte von der kleinen Süßigkeit danach bis zum abschließenden Höhepunkt Ihres Menüs. Sie sollten sich aber bei der Auswahl des Desserts der Gefahr bewusst sein, dass es sowohl Ihnen als auch Ihren Gästen schwer fallen wird, nein zu sagen. Richten Sie deshalb bei der Planung der Nachspeise Ihr Augenmerk auf die Gesamtkalorienzahl der Mahlzeit. Nur nach einem leichten Hauptgericht sollten Sie noch ein Dessert reichen, das selbst kalorienreich ist.

Rezepte

Für 4 Portionen
- ½ l Milch
- 60 g Reismehl oder 80 g Hirsemehl
- 1 EL Sesamsamen
- 1 EL Buchweizen
- 1 TL brauner Zucker
- 3–4 EL Honig
- 1 Messerspitze gemahlene Vanille
- 1–2 EL Kakaopulver
- 200 g Sahne
- 2 Bananen

■ *Zeit: 30 Minuten*

Schokoladen-Bananen-Creme

1 Die Milch in einen Topf gießen, das Mehl hineinrühren, unter ständigem Rühren zum Kochen bringen und etwa 5 Minuten kochen lassen, dabei weiterrühren. Vom Herd nehmen und abkühlen lassen; gelegentlich umrühren.

2 Sesam und Buchweizen ohne Fett in einer Pfanne rösten. Abkühlen lassen; dann den Zucker dazugeben.

3 Honig, Vanille und Kakao in die Milchcreme rühren. Die Sahne steif schlagen und vorsichtig darunter heben. Die Creme abschmecken.

4 Die Bananen schälen und in Scheiben schneiden. Die Schokoladencreme und die Bananenscheiben abwechselnd in Dessertgläser schichten. Mit der gerösteten Samenmischung bestreuen.

Variation 1 längs aufgeschnittene Vanilleschote oder 1 Teelöffel gemahlene Vanille in die Milch geben und mitkochen, dafür das Kakaopulver weglassen.

Für 4 Personen
- 50 g Reismehl
- 700 ml Milch
- 50 g Zucker
- 100 g gemahlene Mandeln
- 1 EL Rosenwasser (aus der Apotheke)
- 3 EL gehackte Pistazien

■ *Zeit: 20 Minuten*

Reismehl-Mandel-Pudding

1 Das Reismehl in 100 Milliliter Milch glatt rühren. Die restliche Milch mit dem Zucker unter ständigem Rühren aufkochen, den Milchtopf vom Herd nehmen und das verrührte Reismehl in die heiße Milch geben.

2 Den Topf wieder auf den Herd stellen, die Reis-Milch-Mischung aufkochen und unter ständigem Rühren etwa 5 Minuten weiterköcheln lassen. Die gemahlenen Mandeln und das Rosenwasser untermischen und abkühlen lassen. Dabei immer wieder umrühren.

3 Den kalten Pudding mit Pistazien bestreuen und servieren.

Info Mandeln und Pistazien sind, ebenso wie viele andere Nusssorten, reich an Kalium, Kalzium, Phosphor, Eisen, Magnesium und Vitamin B1.

Köstlichkeiten mit Äpfeln und Bananen

Kalte Winterabende lassen sich mit heißen Bratäpfeln wunderbar versüßen.

Bratäpfel mit Mandeln und Hirse

1 Die Äpfel waschen, abtrocknen und die Kerngehäuse herausstechen. Den Backofen auf 200 °C vorheizen.

2 Die Mandeln reiben. Mit Honig, Hirse, Zimt und Vanille in eine Pfanne geben. Bei mittlerer Hitze unter Rühren goldbraun werden lassen. Die Sahne dazugießen. Unter Rühren weiterkochen, bis die Flüssigkeit fast verdampft ist.

3 Eine ofenfeste Form fetten. Die Äpfel nebeneinander hineinstellen. Einen Teil der abgekühlten Füllung mit einem Teelöffel in die ausgehöhlten Äpfel füllen. Die Äpfel 20 bis 30 Minuten im Ofen backen.

4 Die restliche Füllung mit dem Apfelsaft bei geringer Hitze so lange köcheln lassen, bis eine dickliche Sauce entstanden ist. Die Äpfel auf vier Portionstellern anrichten und die Sauce mit einem Esslöffel um die Früchte verteilen. Sofort sehr heiß servieren.

Für 4 Portionen

- 4 säuerliche Äpfel (z. B. Boskop)
- 80 g Mandeln
- 80 g Honig
- 80 g Hirse
- 1 Messerspitze Zimt
- 1 Messerspitze Vanille
- 100 g Sahne
- Butter für die Form
- ⅛ l Apfelsaft

■ *Zeit: 45 Minuten*

Buchweizenpudding

Für 4 Portionen

- 50 g Buchweizenmehl
- 1 EL Kakaopulver
- 1 Messerspitze Zimt
- 1 TL abgeriebene Schale von 1 unbehandelten Orange
- ¼ l Milch
- 50 g Honig
- 2 Eier
- 1 EL Rum oder Saft von ½ Orange
- 1 EL brauner Zucker

Zeit: 30 Minuten

1 Buchweizen mit Kakao, Zimt und Orangenschale mischen und mit der Hälfte der Milch und dem Honig glatt rühren.

2 Die restliche Milch aufkochen, das angerührte Mehl hineingeben und bei schwacher Hitze unter Rühren aufkochen. Etwa 1 Minute kochen lassen, bis die Masse ziemlich fest ist.

3 Den Topf von der Herdplatte nehmen. Den Pudding etwas abkühlen lassen, gelegentlich umrühren.

4 Die Eier trennen. Eigelbe und Rum in den Pudding rühren. Eiweiße mit dem Zucker steif schlagen und unterziehen. Den Pudding in einer Schüssel abkühlen lassen.

Gefüllte Hirsepfannkuchen

Für 4 Portionen

Für die Omelettes
- 50 g Hirsemehl
- 2 TL brauner Zucker
- 1 Messerspitze Vanille
- ⅛ l kohlensäurehaltiges Mineralwasser
- 2 Eier
- 20 g Butter zum Backen

Für die Amaranthmelone
- 1 Honigmelone
- 40 g Amaranthpops
- 50 g Honig
- 100 g Sahne
- 1 Messerspitze Vanille
- 2 cl weißer Rum nach Belieben
- 2–4 EL Ahornsirup

Zeit: 40 Minuten

1 Für den Teig das Mehl mit dem Zucker und der Vanille mischen. Mit Mineralwasser und Eiern glatt rühren, zugedeckt quellen lassen.

2 Inzwischen die Honigmelone längs vierteln, Kerne und Schale entfernen. Von jedem Viertel eine sehr schmale Spalte abschneiden und zum Garnieren beiseite legen, das restliche Fruchtfleisch in etwa 2 Zentimeter große Würfel schneiden.

3 Amaranthpops in eine Pfanne geben. Honig, Sahne, Vanille, Melonenstück und Rum hinzufügen. Alles bei schwacher Hitze unter häufigem Rühren 3 bis 5 Minuten köcheln lassen, bis die Melonenstücke glasig sind. Die Amaranthmelonenwürfel beiseite stellen.

4 In einer beschichteten Pfanne nacheinander 4 Pfannkuchen in der Butter backen.

5 Jeweils kurz vor Ende der Bratzeit ein Viertel der Amaranthmelonenwürfel auf einer Pfannkuchenhälfte verteilen. Die andere Hälfte mit einem Bratenwender oder Pfannenmesser vorsichtig über die Füllung schlagen. Dann auf einen Portionsteller gleiten lassen. Bis zum Servieren warm stellen.

6 Mit Melonenspalten garnieren, mit dem Ahornsirup beträufeln und servieren.

Süße Versuchungen

Waffeln

1 Die Butter mit Zucker, Vanillezucker und Salz schaumig rühren. Die Eier nacheinander darunter schlagen. Beide Mehlsorten mit dem Backpulver mischen und unter die Eiermasse ziehen.

2 So viel Flüssigkeit unter den Teig rühren, bis er zähflüssig ist.

Den Teig ein paar Minuten quellen lassen. Das Waffeleisen vorheizen und mit etwas Öl einpinseln.

3 Eine ausreichende Menge Teig auf dem Waffeleisen verteilen und nacheinander 8 Waffeln backen. Diese sofort oder abgekühlt servieren.

Variationen Den Grundteig können Sie beliebig variieren. Beispielsweise 100 Gramm Mehl durch 100 Gramm gemahlene Haselnüsse ersetzen. Oder pikante Waffeln zubereiten. Dafür geraspeltes Gemüse unter den Teig mischen und den Teig mit Salz und Muskatnuss pikant abschmecken. Zucker müssen Sie dann natürlich weglassen.

Für ca. 8 Waffeln

- 125 g weiche Butter
- 100 g brauner Zucker
- 1 Päckchen Vanillezucker
- 1 Prise Salz
- 4 Eier
- 125 g Hirsemehl
- 125 g Buchweizenmehl
- 2 TL Backpulver
- ca. 200 ml Milch oder kohlensäurehaltiges Mineralwasser
- Öl für das Waffeleisen

■ *Zeit: 20 Minuten*

Birnen mit Schokoladenreis

1 Wasser mit Milch, Zucker, Kakao, Orangenschale, Vanille, Zimt und Ingwer zum Kochen bringen. Den Reis hinzufügen, aufkochen und dann etwa 40 Minuten zugedeckt bei sehr schwacher Hitze ausquellen lassen, dabei immer wieder umrühren.

2 Den Topf vom Herd nehmen, Mascarpone auf den heißen Reis verteilen, schmelzen lassen (etwa 2 Minuten), dann gründlich verrühren.

3 Den Reis abkühlen lassen. Kurz vor dem Servieren die Birnen waschen, längs halbieren und von den Kerngehäusen befreien, mehrmals dünn einschneiden und jeweils 1 Hälfte fächerartig auf einem Teller arrangieren.

4 1 Esslöffel Honig und Zitronensaft verrühren und über die Birnen träufeln. Den restlichen Honig unter den Reis rühren. Den Reis neben den Birnen verteilen.

Für 8 Portionen

- 200 ml Wasser
- 200 ml Milch
- 2 EL brauner Zucker
- 2 EL Kakaopulver
- 1 TL abgeriebene Schale einer unbehandelten Orange
- je 1 Messerspitze Vanille, Zimt- und Ingwerpulver
- 100 g Rundkorn-Naturreis
- 100 g Mascarpone
- 4 reife Birnen
- 3 EL Honig
- 1 EL Zitronensaft

■ *Zeit: 1 Stunde*

Rezepte

Hirsegrütze mit exotischen Früchten

Für 4 Portionen

- 1 EL Butter
- 125 g Hirse
- ¼ l Milch
- ¼ l Wasser
- 1 Stück Schale von 1 unbehandelten Zitrone
- 1 Prise Salz
- 100 g Sahne
- 2 EL brauner Zucker
- 1 TL gemahlene Vanille
- 1 kleine Banane
- 1 Kiwi
- Saft von 1 Orange
- 100 g Ananasstückchen
- 40 g gehackte Mandeln
- 2 EL Honig

■ *Zeit: 30 Minuten*

1 Butter in einem Topf schmelzen lassen. Hirse darin bei schwacher Hitze unter Rühren etwa 1 Minute rösten. Milch, Wasser, Zitronenschale und Salz zugeben, einmal aufkochen lassen und zugedeckt bei sehr schwacher Hitze etwa 20 Minuten kochen.

2 Inzwischen die Sahne mit dem braunen Zucker und der Vanille steif schlagen. Banane und Kiwi schälen und in kleine Stücke schneiden.

3 Hirsegrütze mit dem Orangensaft und der Hälfte der Sahne verrühren und auf Portionsteller geben. Das Obst und die gehackten Mandeln auf den Portionen verteilen. Mit Sahnetupfern garnieren. Honig darüber träufeln.

Hirse-Aprikosen-Creme

Für 4 Personen

- 50 g getrocknete Aprikosen
- 400 ml Wasser
- ca. 350 ml Apfel- oder Aprikosensaft
- 70 g Hirsemehl
- 20 g Korinthen
- 150 g Sahne
- 1 Päckchen Vanillezucker
- 1 EL Honig
- Zimtpulver
- Nelkenpulver
- abgeriebene Zitronenschale
- 1 Prise Salz

■ *Zeit: 40 Minuten*

1 Die Aprikosen über Nacht im Wasser einweichen, in ein Sieb schütten und die Einweichflüssigkeit in einem Topf auffangen.

2 Mit Apfel- oder Aprikosensaft auf 600 Milliliter auffüllen, erhitzen, das Hirsemehl hineinrühren und etwa 10 Minuten bei schwacher Hitze köcheln lassen. Dabei immer wieder umrühren.

3 Die Aprikosen klein schneiden und zusammen mit den Korinthen unter die Hirsecreme geben. Abkühlen lassen.

4 Die Sahne mit Vanillezucker, Honig, Zimt, Nelkenpulver, der abgeriebenen Zitronenschale und dem Salz steif schlagen und vorsichtig unter die erkaltete Creme ziehen.

Tip Feiner von der Konsistenz her wird die Creme, wenn Sie die Aprikosen ohne Korinthen pürieren. Dann Korinthen und Sahne unter die Creme heben.
Nelken sollten Sie immer ganz und in Pulverform vorrätig haben. Für bestimmte Rezepte wie dieses ist das Pulver besser geeignet. Können Sie die Nelken aber wieder entfernen, wie bei Saucen oder Marinaden, sind ganze Nelken vorzuziehen.

Überraschungen mit Kartoffeln und Hirse

Süße Kartoffelmaultaschen

1 Die Kartoffeln waschen, kochen oder dämpfen, schälen und noch heiß durch die Kartoffelpresse drücken. Die Masse abkühlen lassen und dann mit dem Ei, der Stärke, Salz und Muskatpulver locker zu einem Teig verkneten. Den Teig zu einer 5 bis 7 Zentimeter dicken Rolle formen und in 8 gleich große Stücke teilen.

2 Für die Füllung die Äpfel schälen, vierteln, die Kerngehäuse ausstechen und in feine Scheiben schneiden. Mit Quark, Zucker, Rosinen und Nüssen mischen und mit dem Zimt würzen. Den Backofen auf 200° C vorheizen.

3 Die Teigstücke zu ½ Zentimeter dicken Kreisen ausrollen, auf ein gefettetes Backblech legen, die Füllung darauf verteilen und zusammenrollen. Mit zerlassener Butter bestreichen. Etwa 40 Minuten backen. Danach mit Puderzucker bestäuben und sofort servieren.

Für 4 Personen

Für den Teig
- 800 g mehlige Kartoffeln
- 1 Ei
- 120 g Kartoffelstärke
- 1 Prise Salz
- 1 Prise Muskatpulver

Für die Füllung
- 4 mittelgroße Äpfel
- 150 g Magerquark
- 80 g Zucker
- 100 g Rosinen
- 100 g geriebene Haselnüsse
- 1 Messerspitze Zimtpulver
- 50 g geschmolzene Butter
- Puderzucker

■ *Zeit: 2 Stunden*

Auch auf die Nachspeise müssen Menschen mit Zöliakie oder Sprue nicht verzichten. Diese Hirse-Aprikosen-Creme enthält kein Gluten.

Kuchen und Gebäck

Auch auf Ihren Kuchen zum Kaffee oder als Dessert müssen Sie beim glutenfreien Kochen nicht verzichten. Hier finden Sie Alternativrezepte für die Grundteige, die Sie für Ihren Lieblingskuchen verwenden können, ebenso wie einige eigenständige Rezepte.

Grundrezepte

Mürbeteig

Für eine Form von 26 cm Durchmesser

- 150 g Reismehl
- 120 g Buchweizenmehl
- 100 g Butter
- 70 g Zucker
- 1 Prise Salz
- 150–200 g Wasser
- Butter für die Form

■ *Zeit: 15 Minuten*

1 Die Mehle, Butter, Zucker, Salz und Wasser rasch zu einem Teig verkneten. Den Teig in eine gefettete Springform drücken, anschließend 30 bis 60 Minuten kalt stellen.
2 Jeweils nach dem gewählten Rezept fortfahren.

Variante Für einen pikanten Mürbeteig das Rezept ohne Zucker zubereiten.

Rührteig

Für eine Napfkuchenform

- 150 g gemahlene Nüsse oder Mandeln
- 100 g Hirse-, Quinoa- oder Amaranthmehl
- 100 g Maismehl
- 100 g Mais- oder Kartoffelstärke
- 1 Päckchen Backpulver
- 200 g Butter
- 150 g Zucker
- 1 Päckchen Vanillezucker
- 1 Prise Salz
- abgeriebene Zitronenschale
- 4 Eier
- 100 g Joghurt
- Fett und Maisgrieß für die Form

■ *Zeit: 1 Stunde und 15 Minuten*

1 Mandeln oder Nüsse, Mehle, Stärke und Backpulver in einer Schüssel mischen. Die Butter mit Zucker, Vanillezucker, Salz und Zitronenschale schaumig rühren.
2 Nacheinander die Eier unter die Buttercreme schlagen. Dann esslöffelweise die Mehlmischung und den Joghurt gründlich untermengen.
3 Den Backofen auf 180 °C vorheizen, eine Napfkuchenform fetten und mit Maisgrieß ausstreuen. Den Kuchen etwa 1 Stunde backen. Stäbchenprobe machen und aus dem Ofen nehmen.

Varianten Dieser Teig bildet eine Grundlage für viele Varianten. Sie können nach Belieben Rosinen, Schokoladenraspel, Kakaopulver oder Obst in Stücken untermischen.

Grundlage für Ihren Lieblingskuchen

Biskuitteig

1 Den Backofen auf 200 °C (für eine Biskuitplatte auf dem Backblech) oder auf 180 °C (für einen Tortenboden) vorheizen. Das Backblech mit Backpapier auslegen oder die Springform fetten.
2 Die Eier trennen. Eigelbe mit Wasser und Zucker mit den Quirlen des Handrührgeräts zu einer dicklichen hellen Creme schlagen.
3 Die Eiweiße mit der Prise Salz sehr steif schlagen und zur Eigelbcreme geben. Dann die Speisestärke darüber geben und alles vorsichtig mit einem Rührlöffel zu einem lockeren Teig vermengen.
4 Den Teig auf das Blech streichen oder in die Form füllen und sofort backen. Die Biskuitplatte auf dem Blech etwa 12 Minuten backen, den Biskuitboden in der Form etwa 30 Minuten. Dann jeweils fortfahren wie im gewählten Rezept beschrieben.

Varianten Statt 200 Gramm Speisestärke 150 Gramm gemahlene Haselnüsse oder Mandeln und nur 50 Gramm Stärke nehmen. Für einen Schokobiskuit 50 Gramm Kakaopulver und 150 Gramm Stärke nehmen.
Vollkornbiskuit Statt 200 Gramm Stärke 80 Gramm Hirsemehl und 80 Gramm Reismehl verwenden, zusätzlich 1 Teelöffel Backpulver untermischen.

Für eine Form von 26 cm Durchmesser oder ein Backblech

- 4 Eier
- 2 EL lauwarmes Wasser
- 125 g Zucker
- 1 Prise Salz
- 200 g Kartoffel- oder Maisstärke

■ *Zeit: 40 Minuten*

Buchweizenbiskuit

1 Den Backofen auf 180 °C vorheizen. Aus den angegebenen Zutaten einen Biskuitteig zubereiten. Teig in die gefettete Form füllen und etwa 30 Minuten backen.

Tip Sie können Biskuitteig auch warm aufschlagen. Die ganzen Eier mit dem Zucker im Wasserbad auf etwa 60 °C aufschlagen, weiterschlagen bis die Masse leicht erkaltet und nur noch handwarm ist, dann das Mehl vorsichtig unterziehen.

Für eine Springform von 26 cm Durchmesser

- 4 Eier
- 100 g Zucker
- 1 Prise Salz
- 100 g Buchweizenmehl
- 50 g gemahlene Haselnüsse
- 1 TL Backpulver
- Fett für die Form

■ *Zeit: 45 Minuten*

Rezepte

Für 4 Personen

- 60 g Zartbitterschokolade
- 60 g Butter
- 3 EL Sahne
- 80 g Zucker
- 100 g Kokosflocken

■ **Zeit: 20 Minuten (ohne Kühlzeit)**

Schokoladen-Kokos-Boden

1 Schokolade in Stückchen brechen und mit der Butter und Sahne in einen Topf geben. Bei schwacher Hitze erwärmen, bis die Schokolade geschmolzen ist. Nicht kochen lassen.
2 Dann Zucker und Kokosflocken unterrühren.
3 Boden einer Springform mit Backpapier auslegen, Teig mit einem Löffel darauf geben und glatt streichen. Kühl stellen. Wenn der Boden fest geworden ist, auf eine Kuchenplatte stürzen und das Papier abziehen.
4 Den Boden nach Belieben mit steif geschlagener Sahne und Früchten, einer Quarkcreme oder einer anderen Füllung Ihrer Wahl belegen.

Tip Tortenböden ohne Backzeit sind schnell gemacht und helfen die übrig gebliebenen Kekse (z. B. Vierkornkekse) zu verwerten. Für eine Springform benötigen Sie etwa 250 Gramm Kekse und 150 Gramm Butter. Kekse in einen Gefrierbeutel füllen, mit dem Nudelholz darüber rollen und dabei zerkleinern. Butter in einem kleinen Topf schmelzen, Keksbrösel untermischen. Dann alles auf dem Boden der Springform verteilen. Kalt stellen und fest werden lassen.

Für eine Springform von 26 cm Durchmesser

- 250 g Pellkartoffeln
- 200 g gemahlene Haselnüsse
- 50 g Kartoffelstärke
- 1 Päckchen Backpulver
- 4 Eier
- 200 g Zucker
- 1 Päckchen Vanillezucker
- 1 Prise Salz
- etwas abgeriebene Zitronenschale

■ **Zeit: 1 Stunde und 15 Minuten**

Kartoffelteig

1 Kartoffeln am Vortag kochen, schälen und durch die Presse drücken. Auskühlen lassen und bis zur Verwendung kühl stellen.
2 Nüsse, Stärke und Backpulver in einer Schüssel mischen.
3 Eier mit Zucker, Vanillezucker, Salz und Zitronenschale schaumig schlagen. Kartoffel-Nuss-Mischung esslöffelweise darunter rühren.
4 Den Backofen auf 200 °C vorheizen. Die Form fetten und den Teig hineinfüllen. 55 bis 60 Minuten backen. Zu den Kartoffeln geben.

Varianten Vorher in Rum getränkte Rosinen oder Schokoraspel zum Teig geben.

Saftiger Hirsekuchen

1 Die Hirse mit dem Apfelsaft in einen Topf geben. Die Zitrone heiß waschen, abtrocknen und die Schale in den Topf reiben. Den Zimt dazugeben. Alles zum Kochen bringen und zugedeckt in 20 bis 25 Minuten bei schwacher Hitze ausquellen lassen.

2 Eier trennen. Eiweiße mit Zitronensaft und Salz steif schlagen. Bananen schälen, grob zerdrücken, in eine Schüssel geben. Mit Butter und Eigelb und etwas Honig cremig rühren.

3 Die Nüsse in die Bananenmasse einrühren. Mehl, Stärke und Backpulver mischen, mit der Hirse und nach Belieben mit dem Rum unter die Bananenmasse rühren.

4 Die Äpfel schälen, vierteln, vom Kerngehäuse befreien und in gleich große Spalten schneiden.

5 Den Backofen auf 180 °C vorheizen. Die Form fetten und mit dem Sesam ausstreuen.

6 Den Eischnee vorsichtig unter den Teig heben. Die Hälfte des Teiges in die Form füllen und die Äpfel gleichmäßig darauf verteilen. Den restlichen Teig darüber geben und glatt streichen.

7 Den Kuchen in etwa 45 bis 50 Minuten goldbraun backen. Danach im abgeschalteten Ofen noch weitere 5 Minuten stehen lassen, herausnehmen, auf ein Gitter stürzen und auskühlen lassen.

Für eine Springform von 26 cm Durchmesser

- 200 g Hirse
- ½ l Apfelsaft
- 1 unbehandelte Zitrone
- 1 Messerspitze Zimt
- 2 Eier
- 1 TL Zitronensaft
- 1 Prise Salz
- 2 Bananen
- 100 g Butter
- 1 EL Honig nach Belieben
- 80–100 g grob gehackte Walnusskerne
- 100 g Maisstärke
- 100 g Maismehl
- 1 TL Weinstein-Backpulver
- 2 EL Rum nach Belieben
- 300–400 g Äpfel
- Butter und 2–3 EL Sesamsamen für die Form

■ *Zeit: 1 Stunde und 30 Minuten*

Tip Statt Hirse schmeckt auch Reis (Rundkorn-Naturreis). Sie können auch übrige gekochte Hirse oder gekochten Reis verwenden. Dann den Kuchen zusätzlich mit etwa 50 Gramm Honig süßen.

Info Bananen bestechen vor allem durch ihren hohen Kalium- und ihren geringen Kochsalzgehalt. Kalium und Natrium transportieren zusammen wichtige Nährstoffe in alle Körperzellen. Damit das funktioniert, muss ein bestimmtes Gleichgewicht zwischen den beiden Mineralstoffen bestehen. Bananen wirken einem Natriumüberschuss durch zu salzreiche Kost entgegen und helfen, dieses Gleichgewicht zu erhalten.

Rezepte

Für 4 Personen

- 150 g Reismehl
- 150 g Buchweizenmehl
- 250 g Walnusskerne, gemahlen
- 120 g Butter
- 2 Eier
- 200 g Honig
- 2 EL Milch
- 1 TL Zimt
- 1 Prise Nelkenpulver
- 1 TL Backpulver
- 200 g Johannisbeergelee
- Eigelb zum Bestreichen

■ *Zeit: 1 Stunde*

Für 4 Personen

- 300 g Karotten
- abgeriebene Zitronenschale
- 3 EL Zitronensaft
- 5 Eier
- 100 g Zucker
- 1 Päckchen Vanillezucker
- 1 Prise Salz
- 1 TL Lebkuchengewürz
- 300 g gemahlene Mandeln
- 60 g Maisstärke
- 1 TL Backpulver

■ *Zeit: 1 Stunde und 15 Minuten*

Linzer Schnitten

1 Alle Zutaten bis auf das Gelee zu einem Knetteig verarbeiten. In Frischhaltefolie wickeln und 30 Minuten im Kühlschrank ruhen lassen.

2 Die Fettpfanne des Backofens fetten und die Hälfte des Teiges hineindrücken, dabei einen Rand hoch ziehen.

3 Backofen auf 200 °C vorheizen. Das Gelee darauf streichen. Den restlichen Teig vorsichtig ausrollen und zu Streifen schneiden. Ein Gitter über das Gelee legen und mit Eigelb bestreichen.

4 Etwa 25 Minuten backen. Die Linzer Schnitten etwas abkühlen lassen. Auf dem Backblech in Stücke schneiden und auf einem Gitter vollständig erkalten lassen.

Rüblitorte

1 Karotten schälen und raspeln. Den Backofen auf 180 °C vorheizen. Eier trennen. Eiweiß mit 2 Esslöffel kaltem Wasser steif schlagen. Dabei Zucker, Vanillezucker, Salz und Lebkuchengewürz unterrühren.

2 Nacheinander Eigelb und Karotten unter den Eischnee ziehen. Stärke und Backpulver mischen und unterheben.

3 Eine Form fetten, den Teig hineinfüllen und glatt streichen. Etwa 50 Minuten backen. Herausnehmen, etwa 10 Minuten in der Form abkühlen lassen, dann auf einem Kuchengitter vollständig auskühlen lassen. Mit einem Puderzuckerguss überziehen.

Info Am bekanntesten ist die Karotte für Ihren hohen Gehalt an Beta-Karotin, das im Körper zum lebenswichtigen Vitamin A umgewandelt wird. Des Weiteren kann Beta-Karotin freie Radikale, also zellschädigende, aggressive Substanzen, die ständig im Körper entstehen, zerstören. Außerdem weist die Karotte einen großen Anteil an Selen auf, das für Enzyme im körpereigenen Immunsystem wichtig ist.

Gebäck mit Obst

Zitronen-Reis-Kuchen

1 Die Butter schmelzen, Zucker und Sahne zufügen und aufkochen, Nüsse und Stärke unterrühren. Die Masse mit nassen Esslöffeln in eine mit Backtrennpapier ausgelegte Springform streichen. Im vorgeheizten Ofen bei 175 °C 10 Minuten backen.

2 Für die Füllung den Reis mit der Milch aufkochen und bei schwacher Hitze 30 Minuten quellen lassen. Die halbe Zitrone in hauchdünne Scheiben schneiden, schälen, von der zweiten Frucht 1 Teelöffel Schale abreiben, den Saft auspressen.

3 Saft, abgeriebene Schale, 25 Gramm Zucker und 1 Esslöffel Wasser 5 Minuten köcheln lassen. Gelatine in kaltem Wasser einweichen, dann im heißen Zitronensud auflösen. Eigelb mit 2 Teelöffel Safran verrühren, Schichtkäse und restlichen Zucker zufügen. Den Zitronensud unterrühren.

4 Den Reis löffelweise dazugeben und kalt stellen. Wenn die Creme zu gelieren beginnt, die steif geschlagenen Eiweiße unterheben. Den Krokantboden mit dem Springformrand umlegen. Die Creme auf dem Boden verteilen und mit Zitronenscheiben belegen.

5 Tortenguss mit 125 Milliliter Wasser, Zitronensaft und dem Safran im Topf verrühren, aufkochen und auf der Kuchenoberfläche verteilen. Torte 1 Stunde kalt stellen. Nach Belieben mit Zitronenspänen garnieren.

Für 4 Personen

Für den Teig
- 30 g Butter
- 50 g Zucker
- 3 EL Sahne
- 175 g gehackte Haselnüsse
- 1 ½ EL Mais- oder Kartoffelstärke

Für die Füllung
- 100 g Milchreis
- 375 ml Milch
- 1 ½ unbehandelte Zitronen
- 75 g Zucker
- 4 Blatt weiße Gelatine
- 2 Eier, getrennt
- ½ TL Safranpulver
- 250 g Schichtkäse
- ½ Päckchen Tortenguss, weiß
- 2 EL Zitronensaft

■ *Zeit: 1 Stunde und 20 Minuten*

Kastanien-Kirschkuchen

1 Die Kastanien kreuzweise einschneiden und in Wasser weich kochen. Schale ablösen und pürieren. Eier trennen. Püree mit Eigelben und Honig gut verrühren. Eiweiße steif schlagen und darunter ziehen.

2 Die Hälfte der Masse in eine gefettete, mit Mehl bestäubte Springform füllen. Die entsteinten Kirschen darauf verteilen, die restliche Kastanienmasse darauf geben und glatt streichen.

3 Bei 200 °C im vorgeheizten Ofen etwa 25 Minuten backen. Nach dem Erkalten mit einer Mischung aus Honig und Zitronensaft bepinseln.

Für 4 Personen
- 500 g Esskastanien (Maronen)
- 6 Eier
- 3–4 EL Honig
- Fett für die Form
- Mehl zum Bestäuben
- 300 g frische Kirschen oder 1 Glas Kirschen, abgetropft

■ *Zeit: 20 Minuten (ohne Backzeit)*

Rezepte

Bohnentorte

Für 4 Personen

- 450 g trockene weiße Bohnen
- 1 l Wasser
- 5 Eier
- 250 g Zucker
- Saft und Schale von ½ Zitrone
- 3 Tropfen Bittermandelöl
- 1 Päckchen Backpulver
- Fett für die Form

■ *Zeit: 25 Minuten (ohne Einweich- und Backzeit)*

1 Bohnen über Nacht in kaltem Wasser einweichen und mit frischem Wasser 30 Minuten kochen. Bohnen abtropfen lassen und durch ein Sieb streichen.
2 Die Eier trennen. Die Eigelbe mit dem Zucker schaumig rühren, dann den Zitronensaft und die abgeriebene Schale mit dem Bittermandelöl dazugeben. Unter ständigem Rühren die Bohnenmasse und das Backpulver zugeben.
3 Die Eiweiße zu sehr steifem Schnee schlagen und vorsichtig unter den Teig ziehen. Den Teig in die eingefettete Springform füllen und bei 200 °C im vorgeheizten Ofen etwa 90 Minuten backen lassen.
4 Nach dem Backen sofort aus der Form lösen und auf einem Gitter auskühlen lassen. Nach Belieben quer durchschneiden und mit Konfitüre oder einer Creme füllen.

Schokoladen-Kirschkuchen

Für eine Springform von 26 cm Durchmesser

- 200 g weiche Butter
- 5 Eier
- 200 g Zucker
- 150 g Buchweizenmehl und etwas Buchweizenmehl zum Bestäuben der Form
- 50 g Mais- oder Kartoffelstärke
- 100 g gemahlene Nüsse
- 2 TL Backpulver
- 1 TL Zimtpulver
- ca. ⅛ l Milch
- Fett für die Form
- 150 g Zartbitterschokolade
- 500 g Kirschen

■ *Zeit: 30 Minuten*

1 Die Butter mit den Eiern und dem Zucker zu einer hellen Creme schlagen.
2 Mehl, Stärkemehl, die gemahlenen Nüsse, das Backpulver und den Zimt in einer Schüssel miteinander vermengen. Nach und nach unter Rühren zusammen mit der Milch in den Teig geben.
3 Den Backofen auf 180 °C vorheizen. Die Form fetten und mit etwas Buchweizenmehl bestäuben.
4 Die Schokolade raspeln, die Kirschen waschen und entsteinen. (Kirschen aus dem Glas durch ein Sieb schütten, die Flüssigkeit auffangen). Die Schokolade und die Hälfte der Kirschen unter den Teig heben.
3 Im Ofen auf der unteren Schiene 20 Minuten backen, dann die übrigen Kirschen auf dem Kuchen verteilen. Weitere 40 bis 50 Minuten backen. Abkühlen lassen und mit Puderzucker bestäuben.

Tip Verwendet man Kirschen aus dem Glas, verkürzt sich die Zubereitungszeit deutlich.

Süßes aus dem Backofen

Buchweizenkuchen

1 Den Backofen auf 180 °C vorheizen.

2 Die Eier trennen. Die Eiweiße mit dem Zucker steif schlagen.

3 Die Butter schaumig schlagen. Dann die Eigelbe mit Salz und Muskatnuss unter die Butter rühren und nochmals gut verschlagen. Dann das Mehl, den Quark und die Zitronenschale unterrühren.

4 Zum Schluss vorsichtig den Eischnee unter den Teig ziehen.

5 Die Form fetten und mit Buchweizenmehl ausstreuen. Den Teig hineinfüllen, mit einem Spatel glatt streichen und im Ofen in etwa 45 Minuten backen lassen.

6 Den Kuchen bei geöffnetem Backrohr kurz abkühlen lassen, dann auf ein Gitter stürzen und ganz abkühlen lassen.

Beilage Dazu passt eine Preiselbeersahne oder ein Preiselbeerquark.

Für eine Napfkuchenform

- 100 g weiche Butter
- 4 Eier
- 100 g Zucker
- 1 Prise Salz
- 1 Prise Muskatnusspulver
- 150 g Buchweizenmehl und etwas Buchweizenmehl zum Bestäuben der Form
- 150 g Magerquark
- Abgeriebene Schale von ½ unbehandelten Zitrone
- Fett für die Form

■ ***Zeit: 15 Minuten (ohne Backzeit)***

Der glutenfreie Schokoladen-Kirschkuchen ist ein besonderes Schmankerl für alle Kuchenfans.

Rezepte

Vierkornkekse

Für 4 Personen

- je 100 g Buchweizenmehl, Reismehl, Hirsemehl, Maismehl
- 200 g gemahlene Haselnüsse
- 200 g Butter
- 150 g Honig (Birnendicksaft)
- 4 EL Sahne
- 1 EL Milch
- je 1 TL gemahlener Anis- und Fenchelsamen

■ *Zeit: 30 Minuten*

1 Die Mehlsorten mit der kalten, in Stücke geschnittenen Butter in eine Schüssel geben. Mit den Händen zu Bröseln verreiben und mit den restlichen Zutaten zu einem glatten Teig verkneten.
2 Den Teig in Frischhaltefolie einschlagen und 30 Minuten im Kühlschrank ruhen lassen.
3 Auf einer bemehlten Arbeitsfläche ausrollen und mit Ausstechförmchen oder einem Glas Kekse ausstechen.
4 Den Ofen auf 200 °C vorheizen. Ein Backblech fetten. Die Kekse auf das Backblech setzen und 8 bis 10 Minuten backen.

Tip Anstatt der Haselnüsse gemahlene Walnüsse nehmen.

Nusskekse

Für 4 Personen

- 120 g Reisschrot
- 60 g Buchweizenmehl
- 100 g gemahlene, geröstete Haselnüsse oder Mandeln
- 75 g Butter
- 4–5 EL Wasser
- 2 EL Honig
- ½ TL Vanille
- 1 Prise Salz

■ *Zeit: 15 Minuten*

1 Alle Zutaten zu einem festen Teig verkneten, diesen zu einer Rolle formen und kühl stellen.
2 Von der Teigrolle Scheiben von einer Stärke von etwa 4 Millimeter Dicke abschneiden, auf ein leicht gefettetes Backblech legen und im vorgeheizten Ofen bei 200 °C 10 bis 15 Minuten backen lassen.

Lebkuchen aus Kartoffelteig

Für 4 Personen

- 500 g mehlige Kartoffeln
- 250 g Zucker
- 6 Eier
- 100 g Orangeat
- 100 g Zitronat
- 500 g gemahlene Haselnüsse
- 4 TL Zimt
- 2 TL Natron

■ *Zeit: 30 Minuten*

1 Die Kartoffeln waschen, garen, pellen und noch heiß durch die Presse drücken. Abkühlen lassen.
2 Inzwischen die Eier mit dem Zucker schaumig schlagen. Orangeat und Zitronat fein schneiden. Mit den Nüssen, Zimt und Natron unter die Eiercreme mischen. Dann die Kartoffeln dazu einrühren.
3 Den Ofen auf 180 °C vorheizen. Ein Backblech einfetten. Den Teig auf das Blech streichen und den Lebkuchen etwa 20 Minuten backen.
4 Abkühlen lassen und nach Belieben mit Kuvertüre oder Zitronenglasur bestreichen, dann in Stücke schneiden.

Vanillekipferl

1 Das Fett mit Zucker, Vanillezucker und Ei schaumig schlagen. Die Maisstärke und das Vollkornmehl zugeben und alles verkneten. Teig etwa 1 Stunde kühl stellen.
2 Etwa walnussgroße Stücke abstechen, so rollen, dass spitz zulaufende Enden entstehen und kleine Halbmonde formen. Im vorgeheizten Ofen pro Blech etwa 15 Minuten backen.
3 Den Puderzucker mit dem Vanillezucker in einer flachen Schüssel mischen. Die Kipferl noch heiß rundum darin wälzen und auf einem Kuchengitter auskühlen lassen.

Für 30–40 Stück
- 125 g Margarine
- 1 Ei
- 60 g Zucker
- 1 EL Vanillezucker
- 70 g Maisstärke
- 70 g Vollkornmehl
- 1 Prise Salz
- Puder- und Vanillezucker

■ *Zeit: 30 Minuten*

Kartoffelplätzchen

1 Die Kartoffeln waschen, garen, pellen und noch heiß durch die Presse drücken. Abkühlen lassen.
2 Kartoffeln mit Fett, Nüssen, Zucker, Stärke, den Gewürzen und dem Backpulver zu einem geschmeidigen Teig verkneten.
3 Den Backofen auf 180 °C vorheizen, ein Backblech fetten.
4 Aus dem Teig Kugeln formen und diese in den gehackten Nüssen wenden. Die Kugeln etwas flach drücken, auf das Backblech setzen und etwa 20 Minuten backen.

Tip Für eine pikante Knabberei in die durchgedrückten Kartoffeln 1 gehackte Tomate, fein geschnittenes Basilikum, Pfeffer, Salz, Muskatnuss und 70 Gramm Kartoffelstärke mischen.

Für 4 Personen
- 250 g mehlige Kartoffeln
- 50 g weiche Margarine
- 50 g gemahlene Nüsse
- 70 g Zucker
- 50 g Kartoffelstärke
- Zimtpulver
- Anispulver
- ½ TL Backpulver
- gehackte Haselnüsse

■ *Zeit: 30 Minuten*

Nürnberger Haselnusslebkuchen

1 Zitronat und Orangeat hacken. Eier und Honig schaumig schlagen. Nüsse, Gewürze und Backpulver unter die Eiercreme rühren.
2 Den Teig auf die Oblaten streichen und jeweils mit einer Haselnuss verzieren.
3 Im vorgeheizten Backofen bei 150 bis 170 °C 20 bis 25 Minuten backen. Nach Belieben mit Zuckerglasur überziehen.

Für 4 Personen
- je 90 g Zitronat und Orangeat
- 3 Eier
- 300 g Honig
- 375 g gemahlene Haselnüsse
- 1 TL Zimt
- je 1 Prise Muskatblüte, Kardamom, Muskatnusspulver
- ½ TL Backpulver
- große glutenfreie Oblaten
- Haselnüsse

■ *Zeit: 15 Minuten*

Brotbackautomaten erleichtern das Herstellen von Broten. Das ist vor allem dann wichtig, wenn glutenfreies Brot schwierig zu bekommen ist.

**Nebenstehende Adressen bieten u. a. auch glutenfreie Mehle an, wie sie in den Brotrezepten aufgeführt wurden.
Beratung für Getreidemühlen: Unter der Telefonnummer 0 25 41/ 7 47 31 nennt man Ihnen gerne eine Beratungs- bzw. Bezugsquelle.**

Adressen

Deutsche Zöliakie-Gesellschaft e. V., Filderhauptstraße 61, 70599 Stuttgart, Telefon 07 11/45 45 14, Telefax 07 11/4 56 78 17
Hier erfahren Sie Adressen von Kontaktpersonen jeweiliger Selbsthilfegruppen. Die Zöliakie-Gesellschaft erstellt immer wieder aktuelle Listen über glutenfreie Lebensmittel und viele andere Informationen zu den Themen »Zöliakie« und »glutenfreie Ernährung«.

Auswahl einiger Hersteller von glutenfreien Spezialprodukten

Hammermühle: Postfach 1164 • 67485 Maikammer
Direktverkauf/-versand: Tel. 0 63 21/9 58 90

Spezialbäckerei Hubmann: Minderleinsmühle 1
91077 Neunkirchen am Brand
Direktverkauf/-versand: Tel. 0 91 26/80 03

Poensgen, Diätbäckerei: Dreiers Gärten 28 • 52249 Eschweiler
Direktverkauf/-versand: Tel. 0 24 03/2 00 15 –16

Riesal, Kreuzmühle: CH-6314 Unterägeri
Direktverkauf/-versand: Tel. CH- 0 42/72 24 72

SHS Gesellschaft für Klinische Ernährung: Postfach 3061
74020 Heilbronn • Versand: Tel. 01 30/85 77 71 (gebührenfrei)

Dr. Schär: Via Max-Valier 24 • I-39012 Meran
Direktverkauf/-versand: Tel. I- 04 73/23 74 24

Schnitzer: Postfach 1433 • 78106 St. Georgen
Direktverkauf/-versand: Tel. 0 77 24/88 02-0

Über die Autorin

Cornelia Klaeger ist Ökotrophologin und seit vielen Jahren als Redakteurin und Autorin bei verschiedenen Verlagen tätig. Sie ist Fachfrau für Ernährungsprobleme.

Literatur

Deutsche Zöliakie-Gesellschaft e.v. (Hrsg): Ärztlicher Leitfaden. B. Lembcke, B. Wickenkamp, A. Engelfried, W.F. Casparie. Stuttgart 1993

Deutsche Zöliakie-Gesellschaft e.v. (Hrsg): Die Zöliakie von Karsten Harms; Sprue – Zöliakie des Erwachsenen von Wolfgang F. Caspary. Stuttgart 1993

Hammermühle Diät GmbH (Hrsg.): Backen und Kochen. Maikammer-Kirrweiler 1994

Anmerkung der Redaktion

Sie haben es sicher gemerkt, dass wir diesem Buch die neuen amtlichen Rechtschreibregeln zu Grunde/zugrunde gelegt haben.

Hinweis

Das vorliegende Buch ist sorgfältig erarbeitet worden. Dennoch erfolgen alle Angaben ohne Gewähr. Weder Autorin noch Verlag können für eventuelle Nachteile oder Schäden, die aus den im Buch gemachten praktischen Hinweisen resultieren, eine Haftung übernehmen.

Bildnachweis

Botanik-Bildarchiv Laux, Biberach a. d. Riß: 18; IFA, München: S.1 (Schmitz); Mauritius, Mittenwald: U4 (Rosenfeld), 8 (Birke), 12 (Mallaun), 28 (Ulrich Kerth); Pasieka Alfred, Hilden: 6; Südwest Verlag, München ©: 32, 33, 38, 40, 45, 50, 56, 68, 75, 79, 83, 91 (Dirk Albrecht), 5, 10 (Karl Newedel), 94 (Christian Kargl), 26; Tony Stone, München: Titel (Trevor Wood), 4 (Nick Gunderson), 23 (Yann Layma)
Illustration, Seite 7: Nada Gotovac, München

Impressum

© 1997 Südwest Verlag GmbH & Co. KG, München
Alle Rechte vorbehalten
Nachdruck – auch auszugsweise – nur mit Genehmigung des Verlages.

Redaktion: Dr. Judith Schuler, Ulrich Ravens

Rezepteredaktion: Norbert Müller

Projektleitung: Stephanie Wenzel

Redaktionsleitung: Dr. med. Christiane Lentz

Bildredaktion: Ute Schoenenburg

Produktion: Manfred Metzger

Umschlag: Heinz Kraxenberger, München

Layout: Klaus Lutsch

DTP: Klaus Lutsch

Druck: Color-Offset, München

Bindung: R. Oldenbourg, München

Printed in Germany

Gedruckt auf chlor- und säurearmem Papier

ISBN 3-517-01779-5

Rezepteregister

Béchamelsauce 70
Birnen mit Schokoladenreis 81
Biskuitteig 85
Bohnenpüree, überbackenes 54
Bohnensülze mit Sherry-
   dressing 46
Bohnentorte 90
Bratäpfel mit Mandeln und
   Hirse 79
Brokkoli-Putenbrust-Auflauf 69
Brot in der Brotbackmaschine
   37f.
Brühe mit Amaranth-
   klößchen 39
Buchweizen als Beilage 75
Buchweizenbiskuit 85
Buchweizencrêpes 56
Buchweizen-Gemüse-
   Auflauf 49
Buchweizen-Kapern-Sauce 50
Buchweizenknödel 74
Buchweizenkuchen 91
Buchweizenküchlein mit
   Tomaten 60
Buchweizenpfannkuchen 57
Buchweizenpudding 80
Buchweizenring 65
Fisch-Tomaten-Topf, italieni-
   scher 67
Flockenbrei mit Rosinen 33
Früchtebrot 37
Frühlings-Reis-Rollen 44
Gemüsebrühe mit Nuss-
   klößchen 41
Grießnockerln 73
Grießnockerln mit Käsefüllung
   73
Hähnchenkeulen, pikante 67
Hirse als Beilage 74
Hirse-Aprikosen-Creme 82
Hirsebratlinge aus dem Ofen 55
Hirsecouscous mit Kicher-
   erbsen 63
Hirseflocken-Quark-Auflauf 51
Hirsegratin mit Tomaten und
   Nüssen 52
Hirsegrütze mit exotischen
   Früchten 82
Hirse-Käse-Auflauf 55
Hirseklöße 71
Hirsekuchen, saftiger 87
Hirsepfannkuchen mit
   Spargel 58
Hirsepfannkuchen, gefüllte 80
Hirsesauce 70
Hirsesoufflé 52
Hirsesuppe mit Ei 39
Hirsesuppe mit Erbsen und
   Karotten 41
Hirsotto mit Spargel 64
Kaiserschmarren mit
   Früchten 59
Kartoffelbrot 34
Kartoffel-Mais-Klöße 72
Kartoffel-Maultaschen, süße 83
Kartoffelplätzchen 93
Kartoffelrollen, gefüllte 51
Kartoffel-Sellerie-Püree 76
Kartoffelteig 86
Kastanien-Kirschkuchen 89
Kichererbsensalat mit
   Auberginen 42
Kichererbsentaler 76
Knäckebrot 36
Lebkuchen aus Kartoffelteig 92
Linsengemüse, rotes 45
Linsensalat mit Tomaten 42
Linzer Schnitten 88
Maisauflauf mit Tomaten 53
Mais-Bohnen-Salat 43
Mais-Buchweizen-Brot 35
Maispfannkuchen 57
Maisplätzchen mit
   Zwetschgen 48
Mais-Quark-Brot 35
Mais-Reis-Brot 35
Maisschmarren, pikanter 59
Maissuppe, geröstete 39
Mango-Bohnen-Kuchen 62
Mürbeteig 84
Müsli 32
Nürnberger Haselnussleb-
   kuchen 93
Nusskekse 92
Pizza aus gekochtem Kartoffel-
   teig 61
Pizza aus rohem Kartoffelteig
   61
Polenta, einfache 74
Quarkklöße 72
Quinoaauflauf 54
Reisbrot 36
Reiskroketten 77
Reis-Linsen-Suppe 40
Reismehl-Mandel-Pudding 78
Rotbarsch, pochierter auf
   Gemüse 66
Rüblitorte 88
Rührteig 84
Schmorgurken mit
   Nussfüllung 48
Schokoladen-Bananen-
   Creme 78
Schokoladen-Kirschkuchen 90
Schokoladen-Kokos-Boden 86
Schweinernes mit Gemüse 68
Vanillekipferl 93
Vierkornkekse 92
Vollkornnudeln 71
Waffeln 81
Zitronen-Reis-Kuchen 89
Zucchini mit Buchweizenfül-
   lung 47